江建俊著

文史哲學集成

建安七子學述

文史哲出版社印行

建安七子學述 / 江建俊著. -- 初版 -- 臺北市：
文史哲, 民 105.01 印刷
頁; 21 公分（文史哲學集成；72）
ISBN 978-957-547-280-1（平裝）

文史哲學集成 72

建安七子學述

著　者：江　建　俊
出版者：文史哲出版社
http:// www.lapen.com.tw
e-mail：lapen@ms74.hinet.net
登記證字號：行政院新聞局版臺業字五三三七號
發行人：彭　正　雄
發行所：文史哲出版社
印刷者：文史哲出版社
臺北市羅斯福路一段七十二巷四號
郵政劃撥帳號：一六一八〇一七五
電話886-2-23511028・傳真886-2-23965656

實價新臺幣三〇〇元

一九八二年（民七十一）二月初版
二〇一六年（民一〇五）一月（BOD）初刷

ISBN 978-957-547-280-1　00072

建安七子學述　目次

第一篇　緒　論

第一章　漢魏文學變遷大勢

劉師培言魏與漢文學不同者有四：「書檄之文，騁辭以張勢；論說之文，校練名理；奏疏之文，質直而屏華；詩賦之文，益事華靡，多慷慨之音。」（中國中古文學史）蓋建安諸子以作詩之法作賦，故此時期之賦，詩性甚濃，與漢賦之舖采無詩味者迥殊；進一步的，諸子以閑熟賦作之故，「不免使辭賦體濫用及辭賦以外的文章寫作」（註一），故此時期之書檄、奏疏等，亦多誇飾矜奇、發揚顯露。

首先論詩。建安詩，據范溫詩眼稱爲「辯而不華，質而不俚，風調高雅，其言直致而少對偶，指事情而綺麗，得風雅騷人之氣骨」，爲奇恣雄俊，純以氣象之清剛取勝者，然因而也缺蘊蓄溫厚之旨。蓋以氣雄，亦以氣失，甚見作用之跡也。而前此爲詩，每得於偶然，平平道出，無用工字面，故體皆委婉，語皆悠圓，有天成之妙，是情興之所至，不意得之，故渾然無跡，所謂「品之神」者，篇章自少；而建安諸子，代之以意，體皆敷敍，語皆構結，或淳或峭，而天全已虧；專力爲文，而篇什乃繁矣。沈約宋書謝靈運傳論云：

子建、仲宣（代表建安時代）以氣質爲體，並標能擅美，獨映當時，是以一世之士，各相慕習。原其飈流所始，莫不同祖風騷，徒以賞好異情，故意製相詭。

古人直寫胸臆，斷削無施，句意聯屬，通篇高妙，無一蕪蔓，不著浮靡之故也；建安以降，鋪衍成篇，麗語間出，溫柔已乖。此所謂「卓犖變風操」（韓愈薦士詩）者，使詩體漸由天成變至作用，於是而有階級可尋、門戶可入矣。故陸時雍詩鏡總論云：

子桓、王粲，時激風雅餘波。子桓逸而近風，王粲莊而近雅，子建任氣憑材，一往不制，是以有過中之病。劉楨稜層，挺挺自持，將以興人則未也。二應卑卑，其無足道。徐幹淸而未遠，陳琳險而不安，鄴下之材，大略如此矣。

論詩首推漢魏，而建安以前無專家，至此，鴻才接踵，各立門戶，如錦繡黼黻，紛然雜陳，然文與質離，故有句可摘、有瑕可指矣。今論建安詩，於五言詩之達到平仄隱妥地步，及開拓新格局之勢，絕不能忽略，雖未至特立之功，卻能兼籠前美，作範後來。何以言之？蓋五言詩雖出現於建安以前，但須經過曹氏兄弟、鄴下諸子之高唱騰踴，幹之以風力，五言詩乃成爲千百年之典範。此亦是由自然歌詩走到文人詩歌的時期，在諸子著力耕耘下，或抒情，或寫志，或說理，或記事，或酬酢，題材多，內容富，頗多佳構。至於表現之技巧，或鋪敘、或隱諷、或託興；且每人才氣有別，風格互異，或低迴，或遒壯，或悽愴，因受時代因素之影響及浸染樂府質樸之風味，故於慷慨悲涼之中，仍不失眞實。黃侃詩品講疏云：「詳建安五言，毗於樂府。……若其述歡宴、愍亂離、敦友朋、篤匹偶，雖篇題雜沓，而同以蘇李古詩爲原。文采繽紛，而不能離閭里歌謠之質，故其稱景物，則不尚雕鏤；敘胸情，則唯求懇誠。而又緣以雅辭，振以英響，斯所以兼籠前美，作範後來者也。」此明建安詩吸取了民間文學之滋養，雖欠渾淪悠圓之妙，卻一氣旋轉，具沈雄篤直之慨也。

至於樂府，清王士禎云：「至曹氏父子兄弟，往往以樂府題敘漢末事，遂謂之古詩亦可。」方東樹解子建箜篌引云：「此不必拘樂府解題，曹氏父子皆用樂府題目自作詩耳。」由於魏武之好音律，「自造新詩，被之管絃，皆成樂章」（魏志注引魏書），流風所唱，多依舊曲，以翻新調，從此，「民歌完全消化於文人作品中」（註二），在這種「變古爲今，移俗作雅」的作法下，製作了許多冠絕百代之歌詩，由於當時五言最是風行，故樂府亦多以五言行之，四、七言次之。其文漸染麗采，已露斧鑿痕，視東西京之樂府，稍失天然古質之本色。同時，建安樂府，「或述酣宴，或傷羈旅，志不出於淫蕩，辭不離於哀思」（文心樂府篇），多個人抒情寫懷之作品，此又與有漢樂府之多敘事記實者迴別。

其次談到賦：兩漢賦家以作散文之法作賦，故多舖排華麗，堆砌無性靈；至此乃革易前型，代之以氣格取勝之抒情小賦。茲據嚴可均全後漢文、全三國文所輯，列表以見當時賦作之性質及一物分詠、同題競采的現象：

題名		曹丕	曹植	王粲	陳琳	應瑒	徐幹	阮瑀	劉楨	繁欽	其他
滄海賦	曹操	○		遊海賦							
浮淮賦		○		○							
校獵賦		○		羽獵賦		○					
述征賦		○	述征賦 東征賦	初征賦		西征賦	序征賦 西征賦	紀征賦		○	楊修 出征賦

籍田賦			○								繆襲
神武賦					○						
武軍賦					○						
節遊賦			○								楊修
述行賦	蔡邕		○							○	
登台賦	曹操	○	○	登臺賦							
大暑賦			○	○	○				○	暑賦	
愁霖賦		○	○			○					
喜霽賦		○	○								繆襲
出婦賦		○	○	○							
寡婦賦		○	○	○							丁廙妻
止欲賦					○			○			

神女賦			洛神賦	○	○	○					楊修
嘉夢賦							○				繆襲
永思賦		○	愁思賦							愁思賦 一作秋思賦	
正情賦						○					
閑邪賦				○							
悼夭賦		○		傷夭賦							
思友賦				○							
感離賦		○	離思賦				哀別賦				
蔡伯喈女賦		○									丁廙
彈碁賦	蔡邕	○		○							
投壺賦				○							邯鄲淳
迷迭賦		○	○	○	○	○					丁廙

	車渠椀賦	瑪瑙勒賦	柳賦	槐賦	鸚鵡賦	鶯賦	白鶴賦	孔雀賦	鶡賦	蟬賦	扇賦	冠賦
									曹操鶡雞賦	蔡邕	蔡邕團扇賦	
	○	○	○	○		○						
	○			○	○		○	○	○	○	九華扇賦扇賦	
	○	○	○	○	○	○	○		○			
		○	○		○							
	○		○		○							
	○										團扇賦	○
					○							
			○									
					禰衡			楊修				

酒賦			○	○							
箏賦								○			
瓜賦			○						○		

或歌詠羈戌征行，或舖述情思懷抱，或於公讌樂遊所及，為「通上下之情志，結群士之歡心」，以眼前極小事物為對象，即席命作，這種騁思競藻，較量高低者，自以機圓局湊、沁人心脾為勝。從此，題材不再受京殿苑獵、通都大邑等之局限，逐漸擴大為抒情說理，而在纖密側附中，更注入了作者之靈思感情，故讀之饒有眞趣，此與漢賦之缺乏至性眞情者不可同日而語，其下更深深的影響魏晉之文風焉。

另外，論體如政刑論、文質論、人物、地域優劣論等頗能擺落經義，校練名理，而鋒穎機密，開異日玄論之先聲，所論問題，皆前世所未見，實可窺斯時之新思潮。

此時檄文亦有可觀，幾位高手，稱名於時，故一檄出，而可逕指作者之名。以其植義颺辭，頗為剛健；擒詞造語，極其誇張。如陳琳之檄豫州，檢舉曹操罪狀，細及毫毛，而踵事增華，變本加厲，挾沛然莫之能禦的氣勢，發詞若江河，實千古奇文。

還有，章表亦體勢遒健；書記，則翩翩足樂。文心書記篇云：「魏之元瑜，號稱翩翩；文舉屬章，半簡必錄，…禰衡代書，親疏得宜，斯又尺牘之偏才也。…公幹牋記，麗而規益」，陳琳作書，情侈意奢，讀之絕倒（註三），書信竟用為結歡、逗樂矣。他們或引古訓今，以逞奇博；或只敍「日常生活之小片段，抒寫內心情志之一刹那」（註四），而至今誦之，依然親切。這是一思想開放，文人追求自我的時期，以生活優閑，因而「賞好異情」、「意製相詭」。此歷來文學史家所云之「純文學觀念覺醒時期」，因爲，在此以前，甚少以作者自身生活瑣碎及內心情感爲文學題材者，如司馬相如、楊雄、班固之賦，宏篇鉅構，以乏作者之心思個性，故未能見出作者之人格。至建安以後，始以文學作品爲表現作者人生之用，始爲個人期求不朽的憑藉。錢穆先生云：

文苑立傳，事始東京，至是乃有所謂文人者出現，有文人，斯有文人之文。文人之文的特徵，在其無意於人事上作特種之施用，……其至者，則僅以個人自我作中心，以日常生活爲題材，抒寫性靈，歌唱情感，不復以世用攖懷。

蓋文章各體，至東漢而大備，而各體均有其特殊的修辭方法，也就是各體的體式風格不一，在諸子竭智盡慮以求佳妙之風氣下，是促使文學發生若干變化、向前邁進的動力。漢魏之際，撲散爲器，社會上普遍的慕尙縱橫、追風通脫，於是「侈陳哀樂，漸藻玄思」、「騁辭張勢，益向華靡」（註五），這是文體由質趨華的關鍵。而在慷慨高厲，溢氣坌涌之文風下，最易綻放文學之奇葩，蓋文心一暢，正是文運進展之契機也（註六）。

【附　註】

註一：王夢鷗老師「貴遊文學與六朝文體之演變」。

註二：王夢鷗老師「魏晉南北朝文學之發展」。

註三：鍾惺隱秀軒文餘集：魏文帝見曹洪牋，知其爲陳孔璋筆，與書嘲之。洪答書麗辯，仍出陳手，末數行便云：「欲令陳琳作報，琳頃多事，故自竭老夫之思」予每讀至此，輒大笑腹痛，不能終篇。

註四：錢穆先生「魏晉文學」。

註五：劉師培先生「中古文學史講義」。

註六：錢穆先生「讀文選」中云：「綜觀建安一代之文風，實兼西漢賦家之誇大奢靡，與夫東漢晚期古詩十九首中所表達之頹廢激盪，縱橫家言與老莊思想相間雜出，宮庭文學與社會文學融鑄合一，而要爲有一種新鮮活躍之生命力貫澈流露於其間，此則爲以下承襲者所不能逮也」。

第二章　曹氏父子與建安諸子

詩品序云：「降及建安，曹氏父子，篤好斯文。平原兄弟，鬱爲文棟，劉楨、王粲，爲其羽翼。次有攀龍附鳳，自致於屬車者，蓋以百計，彬彬之盛，大備於時矣。」如果我們配合正史，知曹操於建安十五年下求賢令，唯才是舉（註一），而文筆實最易表現其「才」，於是以能文擅名之才士，都被網羅了；及建安十六年，曹丕爲五官中郎將，妙選文學，當時的一流文士，乃來集於鄴都，那些曾經過顛沛流離日子的文人，總算找到託身之所。由於曹氏父子，風流可懷，諸子應勢唱和，空前之文會從此展開，此所謂「彬彬之盛，大備於時」者也。曹丕與吳質書云：

每念南皮之遊，誠不可忘，既妙思六經，逍遙百氏，彈棊間設，終以博奕，高談娛心，哀箏順耳，馳騖北場，旅食南館，浮甘瓜於清泉，沈朱李於寒水，白日既匿，繼以朗月，同乘並載，以遊後園，輿輪徐動，賓從無聲，清風夜起，悲笳微吟，樂往哀來，愴然傷懷……方今蕤賓紀時，景風扇物，天意和暖，衆果具繁，時駕而遊，北遵河曲，從者鳴笳以啓路，文學託乘於後車……。

「文學託乘於後車」，與之從遊，並恣談縱辯、談文論道；做各種遊戲，如彈棊博奕等，至於觴酌流行，絲竹並奏，在酒酣耳熱，樂也融融之際，仰而賦詩，彼此較勝，或奉命動筆。在此文學氣氛濃厚的環境裡，個個皆是斐然成章的。此即文心雕龍時序篇所云：「魏武以相王之尊，雅愛詩章；文帝以副君之重，妙善辭賦；陳思以公子之豪，下筆琳瑯；並體貌英逸，故俊才雲蒸：仲宣委質於漢南，孔璋歸命於河北，偉長從宦於青土，公幹徇質於海隅，德璉綜其斐然之思，元瑜展其翩翩之樂，文蔚、休伯之儔，子叔、德祖之侶，傲雅觴豆之前，雍容衽席之上，灑筆以成酣歌，和墨以藉談笑」也。在曹氏父子親自參與、批評，擇優拔取之情況下，實給予諸子極大的鞭策與鼓勵作用。而在有斐輒唱的風氣下，諸子縱轡騁節，望路爭驅，紛紛想出人頭地。以是在一種文體已被發揮到極致，幾乎無法再超過或突破時，惟有按照自己之志趣，選擇另一種文體去開創天下，就在他們使才任氣，求新求變的風尚裡，文學之內質因注入了新生命而益加擴大恢張。因此，我們知道在每一次盛大的文會中，都有新的嘗試、新的收穫，各家風格都得到充分的展示，許多文體之成熟，不能不說與此有關，這是應當注意到的。而曹氏父子之撫輯獎倡，並提供以安定舒適的環境，使諸子得優遊於文藝之場，其功勞是不能泯沒的。

然而，建安諸子，亦不過如齊稷下士，不治事而議論而已！魏武視諸子，俱是書生無濟，故僅以文學侍從待之，諸子也僅以「言語之技藝」求售耳！故清吳淇云：

> 魏氏與諸子，不過如富貴人家，養幾個作詩相公，陪伴自己子弟讀書，或遊戲，或飲酒，間亦教他代作些書札，其實非憐其才而大用之也。（六朝選詩定論）

因為諸子都出身官宦之家，且少懷異稟，早享盛名，自是一時儁秀，曹操羈縻籠絡這些人，實有政治之目的：一方面可以收到愛士獎才之美名，及拉攏士族高門，俾為自己效力；一方面亦懼諸子之貶議折辱也。所以說曹操衷心實無憐才意，觀禰衡之辱為鼓吏，阮瑀之屈列琴工，劉楨之減死輸作，則諸子之見遇，殆如伶優耳！其未能建策立言，自是預料中事。至於曹丕，昔在貴遊，與諸子相交深，且因生活在一起，對諸子之性格情調，文章風格，瞭如指掌，故評度諸子之文，頗為貼切，且能就其所長，給予最適當之表現機會，如琳、瑀之掌軍國書檄等，然丕之心性與其父頗近，對諸子亦「意不甚恤」，其高唱文學不朽論，牢籠安撫之成份大。唯有曹植之遭際與諸子略同，心思最能溝通，故相互寄贈之詩，每脉脉心照，惺惺相惜，體恤之意深至。諸子處在曹操幕下，「婉孌於丕、植之間」（註二），實未嘗一時快活過，因爲他們有時得卑怯自己之性格，放下自己的尊嚴，而這是他們極不願意做的。

因曹氏之設天網、頓八紘，該掩流散四方之名作家，使鄴都一時文風鼎盛，所謂「抱玉者聯肩，握珠者踵武」（詩品序），由於相互觀摩、蘊育才思，並琢磨切磋，較量勝負，成就了許多「賞心悅目的效果遠超過實用效果」的文章，這些文章是以驅辭逐貌爲特色的。而另一方面，因曹氏未能重用諸子，諸子在軍國經綸，略無施用，遂生極深的挫折感，以功名無由建，乃退而著述，因爲他們對文學之不朽價值已有了體認，故展義騁情，寫心之鬱陶，述獨特之興會，這些文章，則是以低徊感傷爲特色的。

宋書臧燾傳云：「自魏氏膺命，主愛雕蟲，家棄章句，人重異術。」風雲所會，諸子得「騁我徑寸翰，流藻垂華芬」（註三），亦幸矣！

【附　註】

註一：三國志載建安十五年春，操下令：「……今天下尚未定，此特求賢之急時也。……若必廉士而後可用，則齊桓其何以霸世！今天下得無有被褐懷玉而釣于渭濱者乎？又得無盜嫂受金而未遇無知者乎？二三子其佐我明揚仄陋，唯才是舉，吾得而用之」。

註二：張溥「王仲宣集題辭」：「子桓、子建交怨若仇，仲宣婉孌其間」。

註三：曹植薤露詩云：「願得展功勤，輸力於明君，懷此王佐才，慷慨獨不群……孔氏刪詩書，王業粲已分，騁我徑寸翰，流藻垂華芬」，植本志在「戮力上國，流惠下民，建永世之業，留金石之功」，及志不果，道不行，唯有「采庶官之實錄，辨時俗之得失，定仁義之衷，成一家之言」，此可代表建安諸子之普遍心志。

第三章　七子之目

建安文學，盛極一時，其所以盛，一方面固由於時衰世亂，觸目苦情，刺激著文人去發出悲壯慷慨的詩章，所謂「風衰俗怨，故志深而筆長」者，這是許多描寫戰爭、離別、徭役、思鄉、閨怨等充滿寫實色彩之作品的所由產生；另一方面，因曹氏父子之主盟獎倡，並從旁品評，鞭策諸子發揮所長，縱轡爭驅，互不相讓，而使各種文體都得到充分的發展，所謂「諸生競勝，作者鼎沸」也。故有諸子始有建安文學，言建安文學，捨諸子則無所附麗，光言曹氏父子，實無以見時代之風格與思潮，同時文學史上「建安體」之地位，也就無由肯定。

而諸子中，又以七子最爲代表，今論建安文學，首須明七子之稱名，按七子之稱，始自曹丕典論論文，其言曰：

今之文人，魯國孔融文擧，廣陵陳琳孔璋，山陽王粲仲宣，北海徐幹偉長，陳留阮瑀元瑜，汝南應瑒德璉，東平劉楨公幹，斯七子者，於學無所遺，於辭無所假，咸自以騁驥騄於千里，仰齊足而並馳。

當時攀龍附鳳者，蓋以百數，以文顯名者，亦不祗這些人，可知「七子」必有相當的代表性（註一）。原來，曹丕典論論文又緊接著說：「王粲長於辭賦，徐幹時有齊氣，然粲之匹也；如粲之初征、登樓、槐賦、征思，幹之玄猿、漏卮、圓扇、桔賦，雖張蔡不過也，然於他文，未能稱是。琳、瑀之章表書記，今之儁也；應瑒和而不壯，劉楨壯而不密；孔融體氣，有過人者，然不能持論，理不勝詞，以至乎雜以嘲戲，及其所善，揚、班儔也。」證以曹丕與吳質書，則對七子所擅之文體，及其風格，有更明確的把握：「偉長獨懷文抱質，恬淡寡欲，有箕山之志，可謂彬彬君子者矣，著中論二十餘篇，成一家之言，辭義典雅，足傳於後，此子爲不朽矣。德璉常斐然有述作之意，其才學足以著書，美志不遂，良可痛惜。……孔璋章表殊健，微爲繁富；公幹有逸氣，但未遒耳，其五言詩之善者，妙絕時人。元瑜書記翩翩，致足樂也。仲宣獨自善於辭賦，惜其體弱，不足起其文，至於所善，古人無以遠過。」在這裡，曹丕標舉七子之原因，很明顯的是七子各有專擅之文體，且有獨特之風格。如王粲之辭賦、陳琳之符檄、阮瑀之書記、劉楨之詩、孔融之議、徐幹之論、應瑒之文，皆爲一時之選，在其專長之文體中，於當時尚不做第二人想。故七子之稱，在標舉各種文體之佼佼者。文心雕龍明詩篇云：「華實異用，唯才所安……隨性適分，鮮能通圓」，七子各持偏體之美，「人人自謂握靈蛇之珠，家家自謂抱荆山之玉」，而曹丕以上者之尊，居高臨下，對其幕僚和羽翼的文章，加以客觀的評估，並掎摭其利病，故避免敍及曹氏本家之文。則丕哀陳思不錄之因，非如後人所謂之「妬腸」（註二）也。

按曹丕所論，乃當代文人，至於「七子」之稱，實方便之計，或沿漢季有三君、八顧、八及、八俊之稱的風氣而來。曹丕經過嚴格的比較分析後，選定七人，而此七人皆已去世，是非功過有一定的評價，本來，換以他人，或數目異，多無關緊要。因爲當時顯名者，尚有吳質、楊修、邯鄲淳、繁欽、路粹、丁廙兄弟、荀緯等，曹丕之取捨，固然有其主觀因素在，如胡應麟詩藪所云：「考鄴中諸子，德祖聲名與文舉相亞，二子當時亦矯矯，而典論不及，蓋以黨翼陳思故。」則曹丕不取曹植之黨可知也。除此以外，曹丕所選，實相當客觀而深刻，幾乎是公論，從文心雕龍、詩品等給七子予很高的評價可知。也就是說，七子者皆應世翰林之秀也，其「吟咏情性，紀述事業，潤色王道，發揮聖門，天下之人，謂之文伯」（張說齊黃門侍郎盧思道碑），而又經過曹丕之標榜，其聲價愈趨鞏固。立言不朽，向為丕所强調，諸子以著述為務，其見稱而揚名垂後，實非偶然。

而論者每認為把孔融列在七子之首，頗不合理。因為從年歲言，孔融較操大兩歲，於建安十三年被殺時已五十六歲，而諸子時年約在三十左右耳，以年歲計，則融顯然長於諸子。另一方面，其餘六子皆來遊鄴都，參與曹氏父子之遊宴，為曹氏兄弟之羽翼，而孔融未參與鄴下集團，故有稱建安七子為「鄴下七子」是錯誤的，此從孔融傳入後漢書，餘六子皆入魏志可知。且孔融政治立場為孤忠漢室，故屢不虔於操，與其餘六子之被牢籠，至少未正面與曹操衝突者不同。以是魏志敍陳思至劉楨為建安七子；謝康樂作擬鄴中集詩，不括孔融；明楊德周輯建安七子集，即以曹植代孔融。然而孔融文章特高雄，在當時已享盛名，曹丕對其「體氣高妙」頗為欣賞，後漢書鄭孔荀列傳云：

魏文帝深好融文辭，每歎曰：楊、班儔也。募天下有上融文章者，輒賞以金帛。

孔融材大卓犖，罕有其儷，曹丕敬重之而列之七子之首，實其來有自。至於王粲傳稱「粲等六人最見名目」，丕與吳質書只提六人，此殆六人年輩相當，就遊鄴都者言，惟有六人耳。

其他有疑阮瑀之材非諸人比，製作亦寡傳，不當列諸七子者（註三）；有言元瑜、孔璋以書記出名，而不以詞賦稱，建安體當指詩體而言，則元瑜、孔璋當排於七子之外者（註四），此皆對七子的代表意義加以懷疑。要之，諸子以偏體稱美，足範後世，曹丕之評，平允而深入，後之批評家，多直接間接受到他的影響，特標七子，意義即在此。

【附　註】

註一：胡應麟詩藪言濟陰吳質，才在諸子下；荀緯製作寡傳；路粹劾奏孔融，乃詞場之讒賊；郄慮等輩，亦不足道；唯繁欽詩賦並工，似在諸應上。

註二：清陳朝輔建安七子集序云：「陳思度越諸子，如鍾參軍所云人倫之周孔，鱗羽之麟鳳，豈肯混總轡者並置分鑣」。

註三：胡應麟詩藪外篇卷一以王粲、陳琳、徐幹、劉楨、應瑒五子，上系二曹爲七子，而後「彼己無慚，建安之美，於斯爲盛。」

註四：馮班「滄浪詩話糾謬」。

第四章　貴遊與憂生

建安七子皆出身士族高門，如孔融爲孔子二十世孫，七世祖霸，爲元帝師，位至侍中，父宙爲太山都尉；王粲曾祖與祖父均爲漢三公，揚名於時，父謙爲大將軍何進長史；劉楨父祖以文學見貴；應瑒之祖奉爲司隸校尉，伯父應劭爲漢名儒，官至太山太守，以著述名世；徐幹先業以清亮臧否爲家，數世清德；阮瑀出陳留尉氏大族，少就學蔡邕，其門風之貴盛可推；陳琳早見重於何進，爲其主簿，想其出身亦佳，故諸子都足以自矜其門第。以其身爲膏粱子弟，生活優裕而多閒暇，得肆力於文事。且當時文與學已分途，也就是辭賦文章與學術經義已分開，於是他們可以寫作辭賦爲專業，憑其能事，被雅好文學之王公貴戚所牢籠，充其清客，以文藝伺候他們的主人，他們巧言善對，並以優渥之筆，作些富言外曲致的有趣文章，以取悅貴人；他們又陪伴這些富貴人家的子弟讀書、遊戲、飲酒；或代他們作些書札，經管簿籍等。他們雍容侍從，優遊創作，在公讌場合，奉命作些以娛心悅志的文章，如「圖狀山川，影寫雲物」（文心比興篇），在「迎合」與「被命而作」之情況下，他們揮舞著采筆，不可一世，其描摹眼前景物，則巧言切狀，細及毫芥；他們擯落六藝，不按典故，而隨意敷寫，充滿浪漫情調。但此類作品，因作者沒有眞情實感，祇得在文字技巧上賣弄工夫，而極盡誇飾炫博的能事，這是標準的貴遊文學。吳質答魏太子牋言：

> 陳、徐、劉、應，才學所著，誠如來命……，凡此數子，於雍容侍從，實其人也，若乃邊境有虞，群下鼎沸，軍事輻至，羽檄交馳，於彼諸賢，非其任也。

此出自於當時人之評，則諸子實不堪付予軍國重任，唯文墨倒爲其所長，他們在曹操「我有嘉賓，鼓瑟吹笙」之崇獎挍援下，形成盛況空前的文學集團，創作空氣極濃；況曹氏兄弟愛敬客，故豐膳星陳，旨酒盈觴，絃歌漫妙，雅舞鏘鏘，在這種宮庭宴遊，歡樂未央的氛圍裡，所成就的作品，實爲文風寖尚華靡的關鍵，以其「志不出於淫蕩」、「辭不離於私情」也。胡應麟詩藪云：

自曹氏父子以文章自命，賓僚綴屬，雲集建安，然薦紳之體，既異民間，擬議之詞，又乖天造，華藻既盛，眞朴漸漓。

此「薦紳之體」，即「貴遊風格」也。以作品出自被豢養、類如俳優之文學清客；其寫作目的，又爲娛樂性質；內容則多「憐風月，狎池苑，述恩榮，敍酣宴」（文心明詩篇）；寫作態度是任氣使才，驅逐逐貌。此純文人之文，「爲文造情」，雖「乖天造」、「傷其朴」，然而也促進了「文學轉向文勝之途」（註二），所以我們可以說文學之建立門庭，實自建安始，而貴遊文學，又是建安文學之特色。

然就另一方面看，諸子多「慷慨有悲心」，因爲他們都親眼看到杌隉紛擾的世局，都親身經歷顚沛蓬轉的生活，在他們的心底，都隱埋著很深的落難感。雖然他們後來被脅迫、或事急隨操，過著優越的生活，但他們總揮不去悲涼的情緒，他們知道眼前的榮華是不眞實的，是短暫而無常的。且他們都懷忠漢室，故盼望曹操能靖難平亂，以匡漢祚，及曹氏盜鼎之心已萌，居於憂國之誠，諸子能不獨懷深感耶？則其依倚曹氏，爲苟全性命耳！非其本志也。從王粲之「邂逅見逼迫，俯仰不得言」；阮瑀之「客子易爲戚，感此用哀傷」；劉楨之「安得肅肅羽，從爾浮波瀾」；應瑒之「悲思不能言，五內懷傷憂」；徐幹之「自恨志不遂，泣涕如湧泉」；陳琳之「高會時不娛，羈客難爲心」……可窺諸子之傺侘難懷也。更何況諸子懷瑾握瑜，都思乘時立功名，而曹操本非憐才，諸子終委下僚，日日爲文墨之職所苦，眼看著青春消耗頓眊，功業之一無所成，自有一股慷慨不平之氣橫梗於胸中，此氣配合著蒿目時政所產生的危懼感，發為蒼涼的人生悲調，從孔融之「人生有何常，但患年歲暮」、陳琳之「騁哉日月逝、年命將西傾」、阮瑀之「良時忽一過，身體如土灰」、劉楨之「四節相推遷、歲月忽欲殫」、應瑒之「常恐傷肌骨、身殞沈黃泥」、徐幹之「不悲身體移，當惜歲月馳」……句，除可證諸子懷才不遇，壯志蒿萊，對現實與出路喪失信心之惴慄徬徨外，亦是對漢祚將頹之憂心忡忡！他們之作品深具「憂生之嗟」，即為自己悲，家國憂，亦為整個蒼生憂也！我們讀這個時期中的作品，正要從其文華中擷取眞實，而後得建安文學之眞精神（註二）；同時要體會其作品中所傳達的永恆之憂傷，庶幾得諸子之眞性情！

【附　註】

註一：王夢鷗老師「魏晉南北朝文學之發展」。

註二：諸子之詩文或述遊宴，或懷憂生，凡心志之所存，情思之所感，歡樂愁怨之所興，行戍征戰之所苦……皆能從容的道出那個時代。

第二篇 本論

第一章 孔融學述

前言

孔融以孔子之後，家世聲華，幼有異稟，李膺歎以「高明必爲偉器」者，值衰朝，負其高氣，志在靖難，故面對權奸之陰謀僭亂，每不假以辭色，或直斥，或隱諷，攘袂奮袖與之周旋；同時又表顯儒術，薦舉賢良，扶植一股清流勢力，亟思有以匡復。以正議干雲，聲名愈重，雄詐之徒，慮融之梗礙其大業，乃陰使人誣陷之。魯國男子，竟被凶難，是黨錮餘烈猶在也！後曹丕珍視其文辭，以金帛募錄，而比於揚、班之儔，以豪氣直上，卓犖過亮，實有過人者。今考其生平、性格，明其政治立場，並闡述其有關人物、肉刑之議。以見其剛烈婞直之風，在亂世，實足以挫野心者之奸謀也。

第一節 孔融生平考略

後漢書卷七十孔融本傳言：「孔融字文舉，魯國人，孔子二十世孫也，七世祖霸，爲元帝師，位至侍中。父宙太山都尉。」而後漢書集解：「汪文台曰：世說注上之續漢書云二十四世孫」。按魏志崔琰傳注引續漢書云二十世孫，證以孔氏諸碑，則以二十世孫爲是。

據前漢書孔昱傳載覇字次孺（儒），曾爲元帝師，位至侍中。成帝時歷九卿，封褒成侯。自覇至昱，爵位相係，其爲卿相牧守者五十三人，列侯七人。後漢書李賢注言「孔覇卽安國孫，世習尚書，宣帝時爲太中大夫，授太子經，遷詹事、高密相，元帝卽位，覇以師賜爵關內侯，號褒成君，薨，謚曰烈君。」高祖孔尙，做過鉅鹿太守（續漢書）。父宙字季將，爲太山都尉（見孔宙碑），都尉君有七子，融居第六，餘可考者爲長兄孔褒，孔褒碑言：「褒字文禮，孔子二十世孫，泰山都尉之元子，北海相之元兄，治家業春秋經，綜核□□，篇籍靡遺」，此卽與孔融爭死者。另曲阜孔廟中有孔謙碣云：「謙字德讓，宣尼公二十世孫，都尉君之子也。」謙歷仕郡諸曹吏，卒於永興二年七月，是亦當於七子中無疑。故洪適云：「宙子載於譜錄者，惟謙褒融三人」。孔融以聖人之後，名望超人一籌，其足以造成傾動一時之聲名，實其來有自。上述孔融之先世，次考孔融之生平：

漢桓帝永興元年癸巳（西元一五三年）孔融生。

後漢書本傳載融以建安十三年八月下獄棄市，時年五十六，可上推當生於桓帝永興元年。又孔融與曹操論盛孝章書：「歲月不居，時節如流，五十之年，忽焉已至，公爲始滿，融又過二。」按操生於桓帝永壽元年（西元一五五年），融較操多二歲，亦可推融之生年。

永壽二年丙申（西元一五六年）融四歲。

融傳注引融家傳曰：「幼有自然之性，年四歲時，每與諸兄共食梨，融輒引小者，大人問其故，答曰：我小兒，法當取小者。由是宗族奇之。」世說新語言語篇引融別傳，與此相同，知融幼有異稟。

延熹二年己亥（西元一五九年）融七歲。

按融本傳稱：「年十歲，隨父詣京師，時河南尹李膺，以簡重自居，不妄接士賓客，勑外自非當世名人及與通家，皆不得白。融欲觀其人，故造膺門，語門者曰：我是李君通家子弟。門者言之，膺請融，問曰：高明祖父嘗與僕有恩舊乎？融曰：然！先君孔子與君先人李老君同德比義，而相師友，則融與君累世通家。衆坐莫不歎息。太中大夫陳煒後至，坐中以告煒，煒曰：夫人小而聰了，大未必奇。融應聲曰：觀君所言，將不早惠乎？膺大笑曰：高明必為偉器。」又世說新語言語篇注引續漢書及融別傳所叙亦大略相同，其轉述之迹甚顯，而皆曰十歲：按後漢書李膺傳云李膺於延熹二年，遷河南尹（時孔融七歲），以表按羊元群罪，反坐輸作左校，後必於延熹四年中蒙赦，仍復為河南尹（非為司隸校尉），融乃有可能親見也。司馬彪續漢書則言融十餘歲詣膺，而未言隨父到洛，是亦可通，以融父於延熹六年歿。然此事實可見以門第家世自矜之一斑。

延熹六年癸卯（西元一六三）融十一歲。

融本傳云：「年十三喪父，哀悴過毀，扶而後起，州里歸其孝。」沈銘彝曰：融父宙卒於桓帝延熹六年正月己未，見宙碑，以融卒年計之，則宙卒時，融年十一非十三也。是融於詣京師後，即喪父也。

延熹八年乙巳（西元一六五年）融十三歲。

御覽四百九引會稽典錄曰：「盛憲字孝章，初為台郎，嘗出游，逢一童子，容貌非常，憲怪而問之，是魯國孔融，年十餘歲。憲下車執融手，載以歸舍，與融歡宴，結為兄弟。」按孔融作「論盛孝章書」時，為五十二歲，孝章旋即被殺，想孝章年在六十餘。而融初見孝章時，言年十餘歲，未確指何歲，僅暫繫於此年。

靈帝建寧二年己酉（西元一六九年）融十七歲。

時山陽張儉爲中常侍侯覽所怨，矯詔捕張儉，儉往投融兄孔褒，不遇，融留舍之，事泄，儉脫走，乃收褒融送獄，兄弟並其母三人爭死，詔坐褒。本傳載此事，言融時年十六。後漢書集解校補侯康曰：「詔捕張儉，事在建寧二年，融年十七矣。」後漢書侯覽傳：「建寧二年，喪母還家，大起塋冢，督郵張儉因舉奏覽貪侈奢縱。……及諸罪釁，請誅之。」覽懷恨故刋章下州郡，誣儉鈎黨，而李膺、杜密並皆殄滅之。至於三人爭死之事，明載之曰：「并收褒融送獄，二人未知所坐，融對曰：保納舍藏者融也，當坐之。褒曰：彼來求我，非弟之過，請甘其罪；吏問其母，母曰：家事任長，妾當其辜。一門爭死，郡縣懸疑不能決，乃上讞之，詔書竟坐褒焉，融由是顯名。」（按褒字文禮，與陶丘洪、邊讓齊聲稱。）融臨義讓生，已見忠烈之節。

熹平六年丁巳（西元一七七年）融二十五歲。

辟司徒楊賜府。本傳言：「州郡禮命，皆不就。辟司徒楊賜府。時隱覈官僚之貪濁者，將加貶黜，融多舉中官親族，尚書畏迫內寵，召掾屬詰責之。融陳對罪惡，言無阿撓。」按靈帝紀知熹平五年十一月丙戌，光祿大夫楊賜初爲司徒，六年十二月庚辰，免，由光祿勳陳國袁滂爲司徒，光和二年十二月賜再爲司徒。按蔡邕傳有熹平五年制書令三公謠言奏書，則當非范滂傳之「詔三府掾屬舉謠言」也。

中平元年甲子（西元一八四年）融三十二歲。

何進辟融爲侍御史。本傳言：「河南尹何進當遷爲大將軍，楊賜遣融奉謁賀進，不時通，融即奪謁還府，投刺而去，河南官屬**耻**之，私遣刺客欲追殺融，客有言於進曰：孔文擧有重名，將軍若造怨此人，則四方之士引領而去矣，不如因而禮之，可以示廣於天下，進然之，既拜而辟融，擧高第，爲侍御史，與中丞趙舍不合，託病歸家。」據後**漢**書靈帝紀云：「（中平元年）三月戊申以河南尹何進爲大將軍。」則融之被遣賀進，當在此時。融家傳曰：「客言於進曰：孔文擧於時英**雄**特傑，譬諸物類，猶衆星之有北辰，百穀之有黍稷，天下莫不屬目矣。」**按**「中丞內領侍御史」（惠定宇後漢書補注）融**耻**爲舍屬，上下不合，故歸。邊讓傳曰：「大將軍何進聞讓才名，欲辟命之，恐不至，加以軍事徵召，既到，署令事進，以禮見之，讓善占射能辭，時賓客滿堂，莫不羨其風，府掾孔融、王朗，並修刺侯焉。」時融即在進座。又王允辟爲從事：據後漢書王允傳曰：「中平元年，黃巾賊起，特選拜豫州刺史，辟荀爽、孔融等爲從事」。

中平六年己巳（西元一八九年）融三十七歲。

本傳云：「後辟司空掾，拜中軍侯，在職三日，遷虎賁中郎將，會董卓廢立，融每因對答，輒有匡正之言，以忤卓旨，轉爲議郎。」按靈帝紀：中平六年九月甲戌，董卓廢立。王先謙集解引劉攽曰：「案漢官無中軍侯，唯有北軍中侯耳。明字有脫誤也。」吳氏補遺據郭仲奇碑額云：「北軍中侯」。祝睦碑云：「北軍軍中侯。則北海傳當云軍中侯，中軍侯者，其文倒耳，無脫字也。中侯自中興以來，始有北軍軍中侯之稱，其辭或省，則曰北軍中侯軍中侯云。」據百官志知北軍中侯六百石，掌監五營。又虎賁中郎將比二千石，議郎僅六百石耳。又北堂書鈔引：「漢末荒亂，融每旦以**饘**一盛魚一首以祭」。

獻帝初平元年庚午（西元一九〇年）融三十八歲。

本傳云：「時黃巾寇數州，而北海最爲賊衝，卓乃諷三府，同舉融爲北海相。」集解引汪文台曰：世說注引續漢書云時年三十八。則魏志崔琰傳注引續漢書言融爲北海相時年二十八，當爲三十八之誤。融之爲北海相，在董卓廢立，忤卓旨之後，證以在郡六年，劉備表領青州刺史，建安元年，徵還爲將作大匠，距建安十三年融死時爲五十六，則此時爲三十八無疑。又司馬彪九州春秋曰：「融在北海，自以智能優贍，溢才命世，租賦少稽，一朝殺五部督郵，幽州精兵亂，卒到城下，擧國皆恐，融直出說之，命無異志，遂與別校謀夜覆幽州軍，悉有其衆，無幾時還復叛去」。

初平二年辛未（西元一九一年）融三十九歲。

本傳云：「融到郡收合士民，起兵講武。馳檄飛翰，引謀州郡，賊張饒等群輩二十萬衆，從冀州還，融逆擊，爲饒所敗，乃收散兵保朱虛縣，稍復鳩集吏民爲黃巾所誤者男女四萬餘人，更置城邑，立學校，表顯儒術，薦擧賢良鄭玄、彭璆、邴原等。郡人甄子然、臨存孝，知名早卒，融恨不及之，乃命配食縣社，其餘雖一介之善，莫不加禮焉。郡人無後及四方游士有死亡者，皆爲棺具而斂葬之。」魏志崔琰傳注引續漢書云：「融承黃巾殘破之後，修復城邑，崇學校，設庠序，擧賢才，顯儒士，以彭璆爲方正，邴原爲有道，王修爲孝廉，告高密縣爲鄭玄特立一鄉，名爲鄭公鄉。」鄭玄傳：「國相孔融深敬於玄，屣履造門，告高密縣爲玄特立一鄉，曰：昔齊置士鄉，越有君子軍，皆異賢之意也。鄭君好學，實懷明德，昔太史公廷尉吳公謁者僕射鄧公，皆漢之名臣，又南山四皓有園公夏黃公，潛光隱耀，世加其高，皆悉稱公，然則公者，仁德之正號，不必三事大夫也。今鄭君鄉宜曰鄭公鄉。昔東海于公，僅有一節，猶或戒鄉人侈其門閭，矧乃鄭公之德而無駟牡之路？可廣開門衢令容高車，號爲通德門。」御覽八三八引孔融教高密令國箋曰：「鄭公增門之崇，令容高車，結駟之路，出麥五斛，以酬執事者之勞。」按融雖敬禮鄭玄，而於其學則不甚重之，曾與諸卿書云：「鄭康成多臆說，人見其名學，謂有所出也，證案大較，要在五經四部書，如非此文，近爲妄矣。若子所執，以爲郊天鼓，必當麒麟之皮，寫孝經，本當曾子家策乎？」（御覽六百八）魏志邴原傳注引原別傳曰：「邴原以黃巾賊起，乃將家人入鬱州山中，郡舉有道，融書喩原曰：脩性保貞，清虛守高，危邦不入，久潛樂土……。」原遂到遼東。其後原欲歸鄉里，止于三山，孔融又予書，原遂復反還。又魏志邴原傳注引原別傳曰：「孔融在北海，教選計當任公卿之才，乃以鄭玄爲計掾，彭璆爲計吏，原爲計佐，融有所愛一人，常盛嗟歎之，後恚望欲殺之，朝吏皆請，其人亦在坐叩頭流血，而融意不解。原獨不爲請。融謂原曰：衆皆請而君獨不？原對曰：明府於某，本不薄也，常言歲終當之，此所謂吾一子也，如是朝吏受恩，未有在某前者矣，而今乃欲殺之，明府愛之則引而方之於子，憎之則推而欲危其身，原愚不知明府以何愛之，何惡之？融曰：某生於微門，吾成就其兄弟，拔擢而用之，某今孤負恩施，夫善則進之，惡則誅之，固君道也。往者應仲遠舉一孝廉，旬月之間而殺之，夫君人者，厚薄何常之有？原對曰：仲遠舉孝廉殺之，其義焉在？夫孝廉，國之俊選也，舉之若是，則殺之非也，若殺之是則舉之非也。詩云：彼己之子，不遂其媾，蓋譏之也。語云：愛之欲其生，惡之欲其死，既欲其生，又欲其死，是惑甚矣，明府奚取焉？融大笑曰：吾直戲耳。原又曰：君之於其言，出乎身，加乎民，言行君子之樞機也，安有欲殺人而可以爲戲者，融無以答。」據魏志王脩傳云王脩「初平中，北海孔融召以爲主簿，守高密令。……時天下亂……脩聞融有難，夜往奔融，賊初發，融謂左右曰：能冒難來，唯王脩耳，言終而脩至。」又「王脩讓邴原，融不聽，融答王脩教曰：「原之賢也，吾已知之矣，昔高陽氏有才子八人，堯不能用，舜實舉之，原可謂不患無位之德，以遺後賢，不亦可乎？」脩重辭，融答曰：「掾淸身絜己，歷試諸難，謀而鮮過，惠訓不倦，余嘉乃勳，應乃懿德，升爾于王庭，其可辭乎？」此見融之能納忠言，並嘉人之德也。初學記七引孔融告昌安縣教曰：「邑人高幼，自言辟得井中鼎，夫鼎久潛於井，德之休明，雖小重也。黃耳金鉉，利貞之象，國遭凶荒，彝器出，或者明以饗人」。

初平三年壬申（西元一九二年）融四十歲。

本傳云：「時黃巾復來侵暴，融乃出屯都昌，爲賊管亥所圍，融逼急，乃遣東萊太史慈求救於平原相劉備，備驚曰：孔北海乃復知天下有劉備邪？即遣兵三千救之，賊乃散走。」據孔融傳注引太史慈傳曰：「慈字子義，東萊人也，避事之遼東、北海相孔融聞而奇之，數遣人訊問其母，幷致餉遺，時融爲管亥所圍，慈從遼東還，母謂之曰：汝與孔北海未嘗相見，至汝行後，贍恤殷勤，過於故舊，今爲賊所圍，汝宜赴之。慈單步見融，既而求救於劉備，得兵以解圍焉。」按吳志太史慈傳載慈突圍求救之事，甚爲精采。其說備之言曰：慈，東萊之鄙人也，與孔北海親非骨肉，比非鄉黨，特以名志相好，有分災共患之義。今管亥暴亂，北海被圍，孤窮無援，危在旦夕，以君有仁義之名，能救人之急，故北海區區，延頸恃仰，使慈冒白刃，突重圍，從萬死之中，自託於君，惟君所以存之」，備歛容答曰：「孔北海知世間有劉備邪？」即遣精兵三千人隨慈，賊聞兵至，解圍散走，融既得濟，益奇貴慈曰：「卿！吾之少友也！」事畢還啓其母，母曰：「我喜汝有以報孔北海也。」魏志崔琰傳注引九州春秋曰：「黃巾將至，融大飲醇酒，躬自上馬，禦之淶水之上，寇令上部與融相拒，兩翼徑涉水，直到所治城，城潰，融不得入，轉至南縣。左右稍叛，連年傾覆，事無所濟，遂不得保障四境，棄郡而去，後徙徐州。」時徐州刺史陶謙，融乃與謙等推朱儁爲太師：朱儁傳云：「及董卓被誅，傕汜作亂，儁時猶在中牟，陶謙以儁名臣，數有戰功，可委以大事，乃與諸豪傑，共推儁爲太師，因移檄牧伯，同討李傕等，奉迎天子，乃奏記於儁曰：「徐州刺史陶謙、前揚州刺史周乾、琅邪相陰德、東海相劉馗、彭城相汲廉、北海相孔融、沛相袁忠、太山太守應劭、汝南太守徐璆、前九江太守服虔、博士鄭玄等敢言之……」然儁終應傕徵，時爲初平三年。時又與禰衡交友：據禰衡傳曰：「衡始弱冠，而融年四十，遂與交友。」其六言詩三首，述董卓及郭汜、李傕事，當於此時作。

興平元年甲戌（西元一九四年）融四十二歲。

袁宏漢紀興平元年，融與陶謙謀迎天子還洛陽，會曹操襲徐州而止。又通鑑興平元年十二月，陶謙死，州人迎劉備，備未敢當，曰：「袁公路近在壽春，君可以州與之」。北海相孔融謂備曰：「袁公路豈憂國忘家者邪？冢中枯骨，何足介意，今日之事，百姓與能，天與不取，悔不可追」，備遂領徐州。

興平二年乙亥（西元一九五年）融四十三歲。

本傳云：「在郡六年，劉備表領青州刺史。」融初平元年爲北海相，在郡六年，則爲興平二年。魏志崔琰傳注引九州春秋曰：「以北海相自還領青州刺史，治郡北陲。」按當時青州有三刺史，一是袁紹所置青州刺史袁譚，一爲公孫瓚所置青州刺史田楷，則融所治僅北海北陲數城耳。本傳又云：「時袁、曹方盛，而融無所協附。左承祖者，稱有意謀，勸融有所結納。融知紹、操終圖漢室，不欲與同，故怒而殺之。」其懷忠於漢室可知。太平廣記一九四引殷芸小說曰：「玄在徐州，孔文舉欲其返郡，敦請懇惻，使人繼踵，又敎曰：鄭公久遊南夏，今艱難稍平，倘有歸來之思，無寓人于室，毀傷其藩垣林木，必繕治墻宇，以俟還。及歸，融告僚屬曰：昔周人尊師，謂之尙父，今可咸曰鄭君，不得稱名也。」此尊禮學優行修之士也。

建安元年丙子（西元一九六年）融四十四歲。

本傳云：「建安元年，爲袁譚所攻，自春至夏，戰士所餘才數百人，流矢雨集，戈矛內接，融隱几讀書，談笑自若，城夜陷，乃奔東山，妻子爲譚所虜，及獻帝都許，徵融爲將作大匠。」此又見司馬彪九州春秋。是役也，鄭玄子益恩赴難焉：鄭玄傳：「玄唯有一子益恩，孔融在北海，擧爲孝廉，及融爲黃巾所圍，益恩赴難殞身。」然按鄭玄本傳前云：建安元年，康成疾篤，自慮，乃以書戒子益恩，中有云：「入此歲來，已七十矣！」且云「按之禮典，便合傳家」，語正引曲禮七十曰老而傳之文，是益恩當死袁譚攻城夜陷之役，非初平二年，黃巾侵暴之事也。按建安元年九月，操迎獻帝都許，則融被徵爲將作大匠，當在九月以後。續百官志言將作大匠二千石，掌修作宗廟路寢宮室陵園土木之功。

建安二年丁丑（西元一九七年）融四十五歲。

據獻帝春秋曰：「使將作大匠孔融持節之鄴，拜太尉紹爲大將軍。」此又見於袁紹本傳。按建安元年，操迎天子都許，乃下詔書於紹，責以地廣兵多而專自樹黨，不聞勤王之師而但擅相討伐。詔乃上書自陳，於是以紹爲太尉，封鄴侯。時操以迎獻帝之功，自爲大將軍，紹耻居操下，僞表辭不受，操恐，乃讓位於紹。故於建安二年三月，使將作大匠孔融持節拜紹大將軍，錫弓矢節鉞，虎賁百人，兼督冀青幽幷四州。融又上疏薦禰衡：通鑑曰：「平原禰衡，少有才辯，而尙氣剛敖，建安元年末，孔融薦之於曹操。」禰衡傳言衡建安初，來遊許下，文士傳則稱孔融薦衡之後，操用爲鼓吏，至八月朝，大宴賓客，閱試音節。因獻帝於建安元年八月廿七遷許，其必於明年八月朝試鼓乃合，那麽衡之薦當於建安二年初矣。世說新語言語第八云：「禰衡被魏武謫爲鼓吏，正月半試鼓，衡揚枹爲漁陽摻撾，淵淵有金石聲，四座爲之改容。孔融曰：『禰衡罪同胥靡，不能發明王之夢！』魏武慚而赦之。」此言正月半，則建安元年末薦之又有可能矣，未知孰是。是年秋九月，操征袁術還，欲殺楊彪，融力救之：據楊彪傳云：「建安元年，從東都許，時天子新遷，大會公卿，兗州刺史曹操上殿見彪色不悅，恐於此圖之，未得讌設，託疾如厠，因出還營，彪以疾罷。時袁術僭亂，操託彪與術婚姻，誣以欲圖廢置，奏收下獄，劾以大逆，將作大匠孔融聞之，不及朝服，往見操曰：『楊公四世清德，海內所瞻。周書父子兄弟罪不相及，況以袁公歸罪楊公？易稱：積善餘慶，徒欺人耳。』操曰：『此國家之意。』融曰：『假使成王殺邵公，周公可得言不知邪？今天下纓緌搢紳，所以瞻仰明公者，以公聰明仁智，輔相漢朝，舉直厝枉，致之雍熙也，今横殺無辜，則海內觀聽，誰不解體！孔融魯國男子，明日便當拂衣而去，不復朝矣。』操不得已，遂理出彪」。又議馬日磾不宜加禮：融本傳云：「初，太傅馬日磾，奉使山東，及至淮南，數有意於袁術，術輕侮之，遂奪取其節求去，又不聽，因欲逼爲軍帥。日磾深自恨，遂嘔血而斃，及喪還朝，廷議欲加禮，融乃獨議曰：日磾以上公之尊，秉髦節之使，銜命直指，寧輯東夏，而曲爲所牽率……附下罔上，姦以事君：王室大臣，豈得以見脅爲辭？又袁術僭逆，非一朝一夕，日磾隨從周旋歷歲，漢律與罪人交關三日以上，皆應知情……聖上哀矜舊臣，未忍追案，不宜加禮，朝廷從之。」此袁宏漢紀及通鑑皆繫於建安二年。又反對恢復肉刑：融本傳言時論多欲復肉刑，融著論反對，朝廷善其議，故卒不改此良法。

建安三年戊寅（西元一九八年）融四十六歲。

漢晉春秋云：「建安三年，太祖表徵朗，策遣之」。魏志王朗傳注：「朗被徵，未至，孔融與朗書曰：世路隔塞，情問斷絕，感懷增思。……」朗自曲阿轉江海，積年乃至，拜諫議大夫，參司空軍事。融又作衛尉張儉碑文：據張儉傳知張儉於建安初徵爲衛尉，歲餘卒于許下。故暫繫於此年。

建安四年己卯（西元一九九年）融四十七歲。

本傳言：「遷少府，每朝會訪對，融輒引正定議，公卿大夫皆隸名而已！」續百官志少府二千石，掌中服御諸物、寶貨珍膳之屬。又上書薦謝該：謝該傳曰：「該以父母老，託疾去官，欲歸鄉里，會荊州道斷，不得去，少府孔融上書薦之，書奏，詔卽徵還，拜議郎。」按劉表傳言建安三、四年間，表與張羨戰於長沙，此時路或阻斷，故繫於此年。通鑑：「（建安）三年十二月，桓階說（張）羨舉長沙、零陵、桂陽三郡以拒表，四年九月，曹與袁紹相拒官渡，劉表攻張羨，連年不下，曹操方與紹相拒，未暇救之，羨病死，表平之，於是地方數千里，帶甲十餘萬，遂不供職貢，郊祀天地，居處服用，僭擬乘輿焉。」故孔融上疏極言當隱表郊祀之事，以崇國防。時袁紹與融有隙，故請曹操誅之，操未允：此事見魏志武帝紀注引魏書云：「袁紹宿與故太尉楊彪、大長秋梁紹、少府孔融有隙，欲使公以他過誅之，公曰：當今天下土崩瓦解，雄豪並起，輔相君長，人懷快快，各有自爲之心，此上下相疑之秋也，雖以無嫌待之，猶懼未信，如有所除，則誰不自危，且夫起布衣在塵垢之間，爲庸人之所陵蹈，可勝怨乎？高祖赦雍齒之仇而群情以安，如何忘之？」此或在三、四年間之事也。漢季大臣中，知政體國典者，孰逾於文舉耶？又上書薦趙岐：後漢書趙岐傳：「曹操時爲司空，舉以自代，光祿勳桓典，少府孔融上書薦之，於是就拜岐爲太常，年九十餘，建安六年、卒。」

建安五年庚辰（西元二〇〇年）融四十八歲。

本傳云：「五年，南陽王馮，東海王祗薨，帝傷其早歿，欲爲修四時之祭，以訪於融，融對曰：聖恩敦睦，感時增思，悼二五之靈，發哀愍之詔，稽度前典，以正禮制。竊觀故事……未聞前朝修立祭祀，若臨時所施，則不列傳紀。臣愚以爲諸在沖齔，聖慈哀悼，禮同成人，加以號謚者，宜稱上恩，祭祀禮畢，而後絕之。至於一歲之限，不合禮意，又違先帝已然之法，所未敢處。」據獻帝紀傳云：「（建安）五年秋七月，立皇子馮爲南陽王，壬午，南陽王馮薨，冬十月東海王祗薨。」又荀彧傳云：「（建安）五年，袁紹率大衆以攻許，操與相距，紹甲兵甚盛，議者咸懷惶懼，少府孔融謂彧曰：袁紹地廣兵强，田豐、許攸智計之士爲其謀，審配、逢紀盡忠之臣任其事，顏良、文醜勇冠三軍統其兵，殆難克乎？」荀則以爲諸人皆不足取，可一戰而擒，後皆如彧之籌，此事繫於建安五年九月。

建安六年辛巳（西元二〇一年）融四十九歲。

會稽虞翻與少府孔融書，并示以所著易注。虞翻傳云：「融答書曰：聞延陵之理樂，覩吾子之治易，乃知東南之美者，非徒會稽之竹箭也。又覩象雲物，察應寒溫，原其禍福，與神合契，可謂探賾窮通者也。」會稽東部都尉張紘又與融書曰：「虞仲翔前頗爲論者所侵，美寶爲質，彫摩益光，不足以損。」此見融獎人之善也。

建安八年癸未（西元二〇三年）融五十一歲。

吳志張紘傳載：「（曹公）表權爲討虜將軍，領會稽太守，曹公欲令紘輔權內附，出紘爲會稽東部都尉。」又注引吳書：「（權）討江夏，以東部少事，命紘居守，遙領所職，孔融遺紘書曰：聞大軍西征，足下留鎮，不有居者，誰守社稷？深固折衝，亦大勳也，無乃李廣之氣，循髮益怒，樂一當單于，以盡餘憤乎？南北並定，世將無事，孫叔投戈，絳灌俎豆，亦在今日，但用離析，無緣會面，爲愁歎耳。道直途清，相見豈復難哉？」吳書又載紘好文學，且善楷篆書，嘗與孔融書，自書，融遺紘書曰：前勞手筆，多篆書，每舉篇見字，欣然獨笑，如復覩其人也。」按孫權傳言建安八年，權西伐黃祖，融紘之書信往來，或即在此年也。

建安九年甲申（西元二〇四年）融五十二歲。

吳志孫韶傳注引會稽典錄曰：「（盛）憲字孝章，器量雅偉，舉孝廉，補尚書郎，稍遷郡太守，以疾去官，孫策平定吳會，誅其英豪，憲素有高名，策深忌之，初憲與少府孔融善，融憂其不免禍，乃與曹公書曰：「歲月不居，時節如流，五十之年，忽焉已至，公爲始滿，融又過二，海內知識，零落殆盡，惟會稽盛孝章尚存，其人困於孫氏……」，此言曹操年始滿五十，融又過二，是融年五十二。李周翰曰：「會稽典錄云：孫策定江東，以憲江東首望，恐人歸之，因禁欲殺之，故融作書論之，欲使曹公致書於吳以救之，書未至，已誅矣」。又融本傳曰：「初，曹操攻屠鄴城，袁氏婦子，多見侵略，而操子丕私納袁熙妻甄氏，融乃與操書稱武王伐紂，以妲己賜周公，操不悟，後問出何經典？對曰：以今度之，想當然耳。」按武帝紀以九年八月拔鄴，丕納甄氏之事，又見魏略、魏氏春秋。袁宏紀：建安九年九月，大中大夫孔融上書曰：「臣聞先王分九圻，以遠及近，春秋內諸夏而外夷狄，詩云：封畿千里，惟民所止。故曰：天子之居，必以衆大言之，周室既衰，六國力征，授賂割裂諸夏，鎬京之制，商邑之度，歷載彌久，遂以闇昧……臣愚以爲千里國內，可略從周官六鄉六遂之文，分取北郡，皆令屬司隸校尉，以正王賦，以崇帝室。役自近以寬遠，繇華貢獻，外薄四海，揆文奮武，各有典書。」此卽融本傳所云：「（融）嘗奏宜準古王畿之制，千里寰內，不以封建諸侯」之事也。按鄭玄曰：畿，限也。今千里寰內不以封建，則操不可以居鄴矣，故憚之。融論建漸廣，聲名愈重，操益嫉之。融見操雄詐漸著，數不能堪，故發辭偏宕，多致乖忤。

建安十年乙酉（西元二〇五年）融五十三歲。

荀悅傳曰：「初辟鎮東將軍曹操府，遷黃門侍郎，獻帝頗好文學，悅與彧及少府孔融，侍講禁中，旦夕談論。」融在當時以文學名，著有春秋雜議難五卷等。

建安十一年丙戌（西元二〇六年）融五十四歲。

融本傳云：「後操討烏桓，又嘲之曰：大將軍遠征，蕭條海外，昔肅愼不貢楛矢，丁零盜蘇武牛羊，可并案也。」又云：「時年飢兵興，操表制酒禁，融頻書爭之，多侮慢之辭。」融傳注引融難曹公表制酒禁書曰：「酒之爲德久矣，古先哲王類帝禋宗，和神定人，以濟萬國，非酒莫以也。故天垂酒星之耀，地列酒泉之郡，人著旨酒之德……由是觀之，酒何負於政哉？」又書曰：「昨承訓答，陳二代之禍，及衆人之敗，以酒亡者，實如來誨。……而將酒獨急者，疑但惜穀耳，非以亡王爲戒也。」按世語曰：「魏太祖以歲儉禁酒，融謂酒以成禮，不宜禁。由是惑衆，太祖收法焉。」操見融名著天下，內心每不能平，且潛忌其正議，恐梗礙其大業，時山陽郗慮，乃承望操旨，以微法奏免融官，此或指其反對酒禁之事也。按虞溥江表傳曰：「獻帝嘗特見慮及少府孔融，問融曰：鴻豫（郗慮字）何所優長？融曰：可與適道，未可與權。慮舉笏曰：融昔宰北海，政散民流，其權安在也？遂與融互相長短，以至不睦。」操見二人顯明仇怨，乃以書激厲融，表面是勸二人當和解修好，而意實交搆，融正墮操之計而不知，其寬容少忌，可見一斑。孔融有答路粹書云：「來彭寇賈之徒，當時壯士，愛惡相攻，能爲國患，輕薄劣弱者，如兩虺相嚙，適足遺災其身，誠無所至。」知融與粹亦不甚諧和，故力求修好，然終被其傾陷。曹操於勸融與郗慮修好之書中云：「孤爲人臣，進不能風化海內，退不能建德和人然撫養戰士，殺身爲國，破浮華交會之徒，計有餘矣。」其向孔融警告之意，已形於筆端矣。

建安十二年丁亥（西元二〇七年）融五十五歲。

本傳云：「歲餘，復拜大中大夫」。融性寬容少忌，好士，喜誘益後進。及退閑職，賓客日盈其門，常歎曰：「坐上客恆滿，尊中酒不空，吾無憂矣。」融有詩：「歸家酒債多，問客粲幾行，高談滿四座，一日傾千觴。」或作於此時。融與蔡邕素善，邕卒後，有虎賁士貌類於邕，融每酒酣，引與同坐，曰：「雖無老成人，且有典型。」融聞人之善，若出諸己，言有可採，必演而成之，薦達賢士，不遺餘力，故海內英俊，皆信服之。其待人之態度如此。

建安十三年戊子（西元二〇八年）融五十六歲。

建安十三年秋七月，曹操出師攻荆州劉備、劉表，孔融諫曰：「劉備劉表，皆漢室宗親，不可輕伐；孫權虎踞六郡，且有大江之險，亦不易取。今丞相興此無義之師，恐失天下之望。」操不聽，孔融出而仰天歎曰：「以至不仁伐至仁，安得不敗乎？」續漢書曰：「十三年，融對孫權使，有訕謗之言，坐棄市。」趙一清曰：「後漢書獻帝紀：壬子，曹操殺太中大夫孔融，夷其族。」則融以建安十三年八月被殺。本傳云：「曹操既積嫌忌，而郗慮復構成其罪，遂令丞相軍謀祭酒路粹枉狀奏融曰：少府孔融，昔在北海，見王室不靜，而招合徒衆，欲規不軌，云我大聖之後，而見滅於宋，有天下者，何必卯金刀。及與孫權使語，謗訕朝廷。又融爲九列，不遵朝儀，禿巾微行，唐突宮掖。又前與白衣禰衡，跌蕩放言，云：父之於子，當有何親？論其本意，實爲情欲發耳；子之於母，亦復奚爲？譬如寄物缻中，出則離矣。既而與衡更相贊揚，衡謂融曰：仲尼不死。融答以：顏回復生。大逆不道，宜極重誅。書奏，下獄棄市，時年五十六，妻子皆被誅。初，女年七歲，男年九歲，以其幼弱得全，寄它舍。二子方弈棊，融被收而不動。左右曰：父執而不起，何也？答曰：安有巢毀而卵不破乎？主人遺肉汁，男渴而飲之，女曰：今日之禍，豈得久活，何賴知肉味乎？兄號泣而止。或言於曹操，遂盡殺之。及收至，謂兄曰：若死者有知，得見父母，豈非至願！乃延頸就刑，顏色不變，莫不傷之。」續漢書又曰：「融有高名清才，世多哀之，太祖懼遠近之議也，乃令曰：太中大夫孔融，既伏其罪矣，然世人多採其虛名，少於核實，見融浮艷，好作變異，眩其誑詐，不復察其亂俗也。此州人說平原禰衡，受傳融論，以爲父母與人無親，譬若缻器，寄盛其中；又言若遭饑饉，而父不肖，寧贍活餘人。融違天反道，敗倫亂理，雖肆市朝，猶恨其晚，更以此事，列上宣示諸軍將校掾屬，皆使聞見。」世說新語言語篇亦載融及二子被收事：「孔融被收，中外惶怖，時融見大者九歲，小者八歲，二兒故琢釘戲，了無遽容。融謂使者曰：冀罪止於身，二兒可得全不？兒徐進曰：大人豈見覆巢之下，復有完卵乎？尋亦收至。」融除上所列一子一女外，當還有子早夭，從其雜詩歲暮來歸一首，知是哭慟愛子之作。融於刑前，作臨終詩曰：「言多令事敗，器漏苦不密，河潰蟻孔端，山壞由猿穴，天窗通冥室，讒邪害公正，浮雲翳白日，靡辭無忠誠，華繁竟不實，人有兩三心，安能合爲一，三人成市虎，浸漬解膠漆，生存多所慮，長寢萬事畢。」對路粹之陷害，深銜憾恨。典略云：「粹字文蔚……孔融有過，太祖使粹爲奏，承指數致融罪。……融誅之後，人覩粹所作，無不嘉其才而畏其筆也。」文心雕龍奏啓篇云：「路粹之奏孔融，則誣其釁惡，名儒之與儉士，固殊心焉。」融本傳又曰：「初，京兆人脂習元升，與融相善，每戒融剛直，及被害，許下莫敢收者，習往撫尸曰：文舉舍我死，吾何用生爲？操聞大怒，將收習殺之，後得赦出。」按魏略云：「曹操爲司空，威德日盛，而融故以舊誼，書疏倨傲，習常責融欲令改節，融不從。會融被誅，當時許中百官先與融親善者，莫敢收恤，而習獨往撫而哭之曰：文舉！卿捨我死，我當復與誰語者，哀歎無已。太祖聞之收習，欲理之，尋以其事直見原，徙許東土橋下，習後見太祖，陳謝前愆，太祖呼其字曰：元升！卿故慷慨。……至黃初，詔欲用之，以其年老，然嘉其敦舊，有欒布之節。」融傳亦云文帝以習有欒布之節，加中散大夫。魏文帝深好融文辭，每歎曰：揚、班儔也。募天下有上融文章者，輒賞以金帛。融所著詩、頌、賦、碑文、論議、六言、策文、表檄、教令、書記等凡二十五篇。隋志後漢少府孔融集九卷，梁十卷錄一卷，兩唐志同。四庫提要曰：孔北海集一卷，其集宋史始不著錄，此本乃明人掇拾，凡三十一篇，然人既國器，文亦鴻寶，雖闕佚之餘，彌可珍也。嚴可均輯存文一卷，三十九篇，馮惟納詩紀存詩八首。唐溫庭筠有「過孔北海墓二十韻」之作，據淮揚志云墓在府治高士坊。

第二節　清流名士之身分

東漢以來，敦尚名節，士流之懷異才，履奇節者衆，其或出自名門大族，累世公卿，特遵行儒軌，以孝禮親仁，影響地方，造成左右輿論之地位。憑藉這種特殊之地位與身份，薦引地方賢能，帶動該地之士風，操持社會清議，使「高下之分，貴賤之價，一由彼口」（中論審大臣篇），傾動的程度，連在位官僚，皆須折節以下之。他們之中，也有不是極端富有或勢豪，但因高自標持，具獨特風裁，能以「

天下風教是非為己任」（袁宏後漢紀論李膺），對時代有著較別人更深切的認同者。他們由對於濁流邪惡之攻擊，轉而批評朝政，裁量執政，其作用在積極方面固足以「激濁揚清，旌善斥惡」；但消極方面，卻引來清濁兩極端的對立傾軋，況且，他們並未提出一套切實可行的救國濟民之方，反而流為矜名虛華。此後漢紀論古士風所云：

自茲以降，主失其權，閹豎當朝，佞邪在位，忠義之士，發憤忘難，以明正邪之道，而肆直之風盛矣。……崇君親，黨忠賢，潔名行，厲風俗，則肆直之風有益於時矣。然定臧否，窮是非，觸萬乘，凌卿相，使天下之人自置於必死之地，弊亦大矣。

大抵清流名士，都具有「清世志」，如陳蕃之「言為士則，行當世範，登車攬轡，有澄清天下之志」（世說新語德行篇），他們都懷有崇高的理想、抱負，但力量微渺，故不得不有所交結，而其交結，實有對象，所謂「善善同其清，惡惡同其汙」（范滂傳），明辨清濁，勢如涇渭，凡以清流自許者，皆引為同志，尤其名行高者，天下士人皆歸趨之。此從黨錮事起，士人以隸黨籍為榮，紛紛「願涉其流，惟恐不及」（王粲傳注引張璠漢紀）的熱烈場面，可窺傾動的程度。范滂傳云：

滂後事釋南歸，始發京師，汝南、南陽士大夫迎之者數千輛。

這對執政，實一大威脅，所謂「一玷清議，終身不齒」；且由於他們之激揚名聲，風扇所及，天下翕然，其聲名已突破鄉里地位，為天下知名之士，（此漢末形容名士，每冠以「海內人譽」、「天下重名」、「海內知名」等詞）聲望凌駕執政者，則執政者的群眾基礎，無形間動搖。於是斯時都以破朋黨、禁毀譽為施政之急務。

黨錮之禍，實給予婞直之士氣嚴重的打擊，在執政之裁抑下，本身又無實力，一些崇法務實之士，又起來糾劾，於是士流漸失凜然風尚及驅馳危阽之慷慨死節，而流爲狂狷，甚至下委爲風流曠達。范蔚宗論曰：

漢世之所謂名士者，其風流可知矣，雖弛張趨合，時有未純，於刻情修容，依倚道藝，以就其聲價，非所能通物方，弘時務也。

漢季士流已缺乏見危致命，樂爲眞理犧牲的精神了，等而下之，在亂世察舉乖濫的情況下，不學之士，以利相結，以虛譁獲譽，浮華冶遊之習，乘風而開，於是「竊名僞服，浸以流競，權門貴仕，請謁繁與」（范蔚宗語）。過去士人以經明行修，贏得社會偶像之地位，也就是先有其實，而後得所應得之名，名實可謂相符，則士之有名，緣有其實。蓋士以天下爲己任，本不爲求名，及言爲士範，行爲士則，群士慕之，爲天下所共宗，隨之得名。及爲求名，則名實不符，此時，「名如畫地作餅，不可啖也」，此徐幹等口誅筆伐者。中論考僞篇稱他們「勤遠以自旌，廣求以合衆」、譴交篇又罵他們「不修道藝，不治德行，講偶時之說，結比周之黨，汲汲皇皇，無日以處，更相歎揚，迭爲表裏：欺人主，惑宰相，竊選舉，盜榮寵」，此皆非「憂國恤民，謀道講德」者，故士而求名，終落下品。

上面所論，在釐清漢季士風及其轉變之迹，俾爲論述孔融行止的憑藉，因爲孔融正處於轉變的時代。他一方面仍保留意廣論高、負氣不屈及志在靖難等清流集團的一般特色，而一方面也逐漸走向風流、尚名之道上，此不可不注意及之。按漢季標準名士，大略具有下列條件：

㈠　累世公卿，或數世清德。

㈡　逸才宏博，以才氣自負。

㈢　孝悌廉讓，鄉里推重。

(四) 盡力所事，以著忠義。

(五) 賞士愛才，提契後進。

(六) 經濟情況佳，足以護養一方。

(七) 卓言偉行，風流自賞。

由上列條件，我們用之以揆孔融，看是否達到此標準。大抵孔融得李膺「高明必爲偉器」一言之褒，聲價由是百倍，而奠定其名士之身份矣。因爲當時士人被李膺所容接者，號曰「登龍門」（李膺傳）；而身爲聖人之後，且四歲時與兄食梨，輒引小者，是幼懷異才，鄉里稱奇；喪父「哀悴過毀，扶而後起」，是質性孝悌能讓也；不惜破家保納張儉，事泄與兄爭死，是著忠義之節；「好學博涉，多該覽」，故識見高人一等，此從朝會訪對之際，輒能引正定議，頗多建言見知。且其天性寬容，本傳稱其「好士，喜誘益後進……聞人之善，若出諸己，言有可采，必演而成之，面告其短，退稱其長，薦達賢士，多所獎進，知而未言，以爲己過，故海內英俊，皆信服之。」如尊禮鄭玄，而喻令設鄭公鄉，廣開其門衢，號稱「通德門」，薦拔玄子益恩爲孝廉；又因邴原「高遠淸白，頤志澹泊」而獎掖之，凡性行貞介，足敦勵士風者，皆禮命之，對人之無後或四方游士之死亡者，皆爲棺具而斂葬之，對人之有一技之長者，亦稱許之，如虞翻治易，則稱其「探賾旁通」爲東南之美者；稱張紘之楷篆佳美；韋元將、仲將兄弟之雅度貞實爲「偉世之器」等，這些舉動，都很容易得到好感，故四方才俊皆爭著歸集，而益就聲價，倍享「重名」，儼然士流領袖。此可從何進想刺殺孔融，門客言於進之言看出來：

孔文舉有重名，將軍若造怨此人，則四方之士引領而去矣，不如因而禮之，可以示廣於天下。（融本傳）

又云：

孔文擧於時英雄特傑，譬諸物類，猶衆星之有北辰，百穀之有黍稷，天下莫不屬目矣。（惠定宇後漢書補注）

又如孔融被黃巾賊管亥所圍，遣太史慈求救劉備，備驚曰：「孔北海乃復知天下有劉備邪？」此「驚」字，正說明孔北海之聲名，如何傾動於當時了。而憑藉這股社會聲望與政治影響力，孔融乃敢與「贅閹遺醜，本無令德」之曹操相抗衡。觀其爲營救楊彪，竟不及朝服，見面卽曰：「楊公四世淸德，海內所瞻……今橫殺無辜，則海內觀聽，誰不解體！孔融魯國男子，明日便當拂衣而去！……」此無異抬出名望、高第以自衞，直言無諱的向曹操的家世挑戰了！融之不虞於操，這是乘時而起之驍雄所難堪的，祇因操沒有顯赫的出身，故對士族總懷戒心，而屢次藉機加以摧抑。

而大類名士，常患矜奇好勝之過，所謂「才疏意廣，迄無成功」（融本傳）卽此也。九州春秋稱融「高談敎令，盈溢官曹，辭氣溫雅，可玩而誦」，我們實可想見一書生名士，高談濶論，幅巾奮袖，目中無人的樣子，但我們也祇能欣賞其辭淸語妙，等到深入的「論事考實」，又「難可悉行」矣。資治通鑑論孔融：

但能張磔網羅，而目理甚疏；造次能得人心，久久亦不願附也。其所任命，好奇取異，多剽輕小才；至於尊事名儒鄭玄，執子孫禮，易其鄉名曰鄭公鄉，及淸儁之士左承祖、劉義遜等，皆備在座席而已，不與論政事，曰：此民望，不可失也。

愛才而不能用之，但備座席，此其「連年傾覆，事無所濟，遂不能保障四境」（九州春秋）之因也。及其爲枉狀所劾，被收下獄時，竟無稽古大賢爲之奔走營救，此又以平日「自以智能優贍，溢才命世，當世豪傑，皆不能及」（九州春秋），傲然自矜、睥睨衆人之所害也。

他又頗能風流自賞，此可從本傳所載窺出：

「建安元年，爲袁譚所攻，自春至夏，戰士所餘，裁數百人，流矢雨集，戈矛內接，隱几讀書，談笑自若。

何灑脫若是！本傳又言：

及退閑職，賓客日盈其門，融歎曰：坐上客恆滿，尊中酒不空，吾無憂矣。與蔡邕素善，邕卒後，有虎賁士貌類於邕，融每酒酣，引與同坐曰：雖無老成人，且有典型。

此非風流名士之作風乎？然而其退爲閑職，心中之抑鬱實可知也！在酒會中，他可以「無憂」的「高談滿四座」（孔融失題詩），得爽爽朗朗的還其眞性情，一生的爭榮誇耀，圭角畢露，甚至「傲誕」（文心程器篇）（註一），此時都收斂了，代之以一付慈和安祥，寬仁溫厚的容態，此才是孔融的眞面目。而這時，他已由豪舉走向曠達，所謂「豪華落盡見眞淳」者矣。

第三節　孔融之才情性格與政治立場

姚信士緯一書中云：「孔文舉金性太多，木性不足，背陰向陽，雄倬孤立」。較士緯稍早的劉邵人物志，其九徵篇有言：

木骨、金筋、火氣、土肌、水血，五物之象也。五物之實，各有所濟。是故骨植而柔者，謂之弘毅；弘毅也者，仁之質也。……筋勁而精者，謂之勇敢，勇敢也者，義之決也。

又云：

是故溫直而擾毅，木之德也；剛塞而弘毅，金之德也。

今孔融「金性太多，木性不足」，其個性必厲直剛毅，嫉惡如仇，此風固足以激濁揚清，變察是非，然也因不能弘恕，好攻其事實，而爲詆訶之所怨；其用意猛奮，志不旋屈，以楨幹勁特見長，然亦以狠剛不和，易失於矜傲激訐。融此剛厲之性，於亂世有糾姦察僞、凜烈不可犯之勢；且激於漢末士風之高張，輕生尚氣之習尚下，好爲苟難，務欲絕出流輩，以成卓特之行，二者相激相盪，形成孔融之性格。而以此個性，處亂世，遇多忌，殺身有餘矣。

黨錮列傳序云：「桓靈之間，主荒政謬，國命委於閹寺，士子羞與爲伍，故匹夫抗憤，處士橫議，遂乃激揚名聲，互相題拂，品覈公卿，裁量執政，婞直之風於斯行矣。」則孔融之不畏豪強，危言深論，實漢末士大夫「正身無玷，死心社稷」（陳蕃傳）底志節的充量發揮，觀其不惜破家相容，保納張儉，凜然義氣，蓋知張儉清介忠貞，肆志直道，敢與逆閹周旋，毫不妥協之剛烈質性也。又觀其爲司徒楊賜所遣，奉謁賀進，以不時通竟奪謁還府，投劾而去一事，時進內倚太后臨朝之威，外迎群英乘風之勢，寵貴異常，融却不稍假以辭色，其嚴分清濁，有如此者。

他懷忠漢室，以維繫漢祚自任，故對權奸，每不惜身蹈禍患，以忤逆之，冀有補救焉。如董卓之廢立，「蹈藉彝倫，毀裂畿服」，壞亂王綱，圖謀異志，他人或懾於淫威，融則屢屢建言忤旨；袁術僭亂，已非一朝一夕，融以其無憂國之心，斥之爲「塚中枯骨」；袁紹「地廣兵多，而專自樹黨，不聞勤王之師而但擅相討伐」，融當亦曾糾劾之，而種下嫌隙，否則袁紹不會伺隙請求曹操殺融；另外，荆州牧劉表擁兵割據，不供職貢，且郊祀天地，擬斥乘輿，僭逆已萌，孔融於是上疏論之：

竊聞領荆州牧劉表桀逆放恣，所爲不軌，至乃郊祭天地，擬儀社稷，雖昏僭惡極，罪不容誅，至乃國體，宜且諱之，何者？萬乘至重，天王至尊，身爲聖躬，猶天之不可階，日月之不可踰也。每有

> 一豎臣，輒云圖之，若形之四方，非所以杜塞邪萌，愚謂雖有重戾，必宜隱忍。賈誼所謂擲鼠忌器蓋謂此也。是以齊兵次楚，唯責包茅，王師敗績，不書晉人，前以露袁術之罪，今復下劉表之事，是使跛牂欲闚高岸，天險可得而登也。案表跋扈，擅誅列侯，遏絕詔命，斷盜貢篚，招呼元惡，以自營衛，專爲群逆，主萃淵藪，郜鼎在廟，章孰甚焉，桑落瓦解，其勢可見，臣愚以爲宜隱郊祀之事，以崇國防。

融以「國體」爲重，前既云「雖昏僭惡極，罪不容誅，至於國體，宜且諱之」，後又云「雖有重戾，必宜隱忍」，那麼末句「以爲宜隱郊祀之事，以崇國防」之「以崇國防」當爲「以崇國體」乃相呼應。他盡心焉以維護有漢之國體，故對國體之破壞者，即懷僭亂之意者，每斥責不遺餘力。蓋「國體」就落實在車服等級、郊廟祭祀之禮制上，維護禮制，正所以崇國體也，國體尊嚴，而後威令行於四海，僞逆之徒，乃不得容其私焉。而合禮依法以行事，乃國體尊嚴之保證。如建安五年，南陽王馮，東海王祗薨，帝傷其早歿，欲爲修四時之祭，訪於精禮典的孔融，融即以「不合禮意，又違先帝已然之法」而加以反對；又從其上書請準古王畿之制，主張千里寰內，不封爵諸侯，皆令屬司隸校尉，「以正王賦，以崇帝室」，此亦在杜權奸窺伺之心也。而英雄記鈔載：

> 帝初都許，融以爲宜略依舊制，定王畿，正司隸所部爲千里之封，乃引公卿上書言其義，是時天下草創，曹袁之權未分，融所建，明不識時務。又天性氣爽，頗推平生之意，狎侮太祖。

此誠「不識時務」歟！以無所協附，且不畏患亂，爲維護國體而力爭也。他常適時的給予意圖漢室者以嚴厲的指斥，使篡弒之謀，無法得逞。爲了力挽狂瀾，他更汲汲於淨化社會風俗，觀其爲北海相時，置城邑，立學校，表顯儒術，薦舉賢良有道之士，培植忠正英偉之士，這些措施，無非在養成清流勢力，做爲社會中堅，來擔當「輔相漢室」的責任。由於論建愈廣，聲名愈盛，曹操自難相容，必去之而後快！故示意路粹「枉狀」奏融曰：「融在北海，見王室不靜，而招合徒衆，欲規不軌。按司馬彪九州春秋亦云：

融在北海，自以智能優贍，溢才命世，當世豪俊，皆不能及，亦自許大志，且欲舉兵曜甲，與群賢要功，自於海岱結殖根本，不肯碌碌如平居郡守，事方伯，赴期會而已！

證按史實，則孔融之「招合徒衆」，爲抵抗黃巾，保衛地方，安定烝黎也。融本傳言：

時黃巾寇數州，而北海最爲賊衝……融到郡收合士民，起兵講武，馳檄飛翰，引謀州郡。

又云：

鳩集吏民爲黃巾所誤者，男女四萬餘人，更置城邑。

融鳩合士民，在組成地方防衛武力，備黃巾之來攻也。九州春秋又言融爲青州刺史，「欲附山東，外援遼東，得戎馬之利，建樹根本，孤立一隅」然終以「戰士不滿百，穀不至萬斛」而無所成。此「孤立一隅」，若證以資治通鑑所云：

黃巾來寇，融戰敗，走保都昌，時袁、曹、公孫首尾相連，融兵弱糧寡，「孤立一隅」，不與相通。

原來孔融知袁、曹終圖漢室，故不欲與之通也。融本傳言：

時袁、曹方盛而融無所協附，左承祖者，稱有意謀，勸融有所結納，融知紹、操終圖漢室，不欲與同，故怒而殺之。

孔融因不與操連結，並致乖忤，竟被誣指「孤立一隅」、「欲規不軌」！枉狀中又言：「融自云我大聖之後，而見滅於宋，有天下者，何必卯金刀？」此或融揣知操之心迹，操乃先下手爲强，反推說是融所言。又云：「對孫權使者，謗訕朝庭」，此融實謗訕操之專權僭越也。因爲曹操老早挾朝廷、國家自重矣，凡得罪他的，就說得罪朝廷；欲殺人或制罪，則稱是國家之意。觀融旣懷憂國之誠，刻刻以國體爲念，奈何以空言相訟？此臨終詩所云：「讒邪害公正，浮雲蔽白日」、「三人成市虎，浸漬解膠漆」也！

融以冠世之資，師表海內，意所予奪，天下從之；而操陰賊險狠，其勢自不兩立，使操不誅融，融必誅操！文擧旣不能誅操，而「並立衰朝，戲謔笑傲，激其忌怒，此無啻肉餧餓虎」（張溥孔少府題辭）然魯國一男子，昂然獨步，志節與勇氣，實有過人者！

從融本傳知融天資高明，雖然在面對權奸時，絲毫不假以辭色，但其本性實寬容少忌，爲均然仁人也。他有著眞性情，頗能風流自賞，對於虛僞矯飾的行爲，則嚴予黜斥之。據藝文類聚卷八十五引：

孔文擧爲北海相，有父喪，哭泣墓側，色無憔悴，文擧殺之。有母病瘥，思食新麥，家無，乃盜鄰人熟麥而進之，文擧聞，特賞之。

蓋「盜而不罪者，以爲勸養於母也；哭而見殺者，以爲哀而不實也。」融認爲親情在誠意而不在形式，所謂「情苟不供，何禮之論？」（後漢書戴良傳），飾僞無眞情，固當揭露而撻伐之。在路粹枉狀治融罪中有一段話說：

融前與白衣禰衡，跌蕩放言，云：父之於子，當有何親？論其本意，實爲情欲發耳！子之於母，亦復奚爲？譬如寄物瓶中，出則離矣！

雖後人爲之辯解：以孔融嘗自言證案大較，要在五經四部書，則此文當爲妄；又融幼時持父喪，哀悴過毀，州里稱孝，何至悖謬若是？其論始末已無考，我們不能從孔融之言，取得印證，然或孔融僅言「父之於子，當有何親？子之於母，亦復奚爲？」二句耳，枉狀乃演繹之，以成其罪，其然否，未得知。後有人以爲融從王充論衡「男女合氣生子」之說來，亦不十分可靠，較合理的解釋是孔融對虛僞禮教極端厭惡所激出之言也，余英時先生於「名教危機與魏晉士風的演變」一文中說：

孔融所處的時代，正是儒家的名教或禮法流入高度形式化、虛僞化的階段，一部份由於察舉制度的刺激，累世同居的大家族在士大夫階層中逐漸發展起來，許多人爲了博孝之名，以爲進身之階，便不惜從事種種不近人情的僞飾，以致把儒家的禮法推向與它原意相反的境地。

祇因他是個眞性情的人，故痛惡虛僞，懷疑表面形式。至於枉狀說他身位九列，「不遵朝儀，禿巾微行，唐突宮掖」，此即其倜儻尙氣，不拘小節之個性也。其能「獨立頹波中，屹然砥柱」（註二）者，即此眞性情也。況且，處亂世，遇多忌，不得不佯狂詐癡，以寄不屑意；其存心侮慢，乃朗然可知，則此與禰衡之擊鼓辱曹（註三）何以異？文心程器篇稱其「傲誕以速誅」，其高自標舉，而下視曹操，終激操怒，道窮命盡，哀哉！「孤音少和，高謀誰佐？」此志士之悲也。融傳後范曄論曰：

昔諫大夫鄭昌有言，山有猛獸者，藜藿爲之不採，是以孔父正色，不容弒虐之謀；平仲立朝，有紓盜齊之望，若夫文舉之高志直情，其足以動義概，而忤雄心，故使移鼎之迹，事隔於人存，代終之規，啓機於身後也。夫嚴氣正性，覆折而已，豈其負圓委屈，可以每其生哉？懍懍焉，皜皜焉，其與琨玉秋霜比質可也。

「嚴氣正性」、剛方皎白實孔融之英偉處。而挺然扛起維繫有漢國脉、端勵民風士氣之大纛，自始至終，負氣不屈，實樹立了中國知識份子的人間形像。夫士不可不弘毅，融不爲威武所屈，此之謂大丈夫。

第四節　孔融詩文之風格

夫人之氣性有剛柔，緣氣性所表現之文章，自有獨特之風格，此文心體性篇所云：「才有庸儁，氣有剛柔，辭理庸儁，莫能翻其才；風趣剛柔，寧或改其氣」之意也，是作者生命力每影響作品之風格。同時，個人才質有所偏，各以勝體爲美，故有得失存在；且文非一體，鮮能備善，故有利病可摭。以孔融論，因其具有「雄倬孤立」、「剛毅嚴正」之性，其長在矯正，而失於激訐，故「論大體則弘博而高遠，歷纖理則宕往而疏越」（人物志材理篇），此典論論文批評他「不能持論，理不勝辭，至於雜以嘲戲」者。也就是說孔融挾其卓然逸才，以氣運詞，發爲高雄遒亮之文，其長是豪氣直上，所謂「筆墨之性，殆不可勝」（文心風骨篇），曹丕正欣賞此「以氣爲主」之文，而稱其「體氣高妙，有過人者」，但這種仗氣使才的行文態度，較適合於「筆」—散文，於詩則實非當行本色。因爲詩賦必訴諸纖密的情感，務求濃縮婉曲其字句，即含不盡之意於瑰麗優美的詞藻中，所謂「詩賦欲麗」，「麗」才是詩的本色，而孔融放言豪蕩，來不及做凝煉梳理的工夫，故其詩終趕不上其文，此歷來對其詩評價不高的原因。今孔融詩存者，除四言離合作郡姓名字詩一首外，僅五言詩四首、六言詩三首而已，可知詩非孔融所長。其中離合詩，大底爲「好奇示巧」（葉夢得石林詩話）之作，或喑藏玄機，別有用意，然終失風人之旨。文心雕龍明詩篇云：

離合之發，則萌於圖讖。

因孔融創作離合詩，後論詩乃有「離合」一體，然此實爲諧隱變體，爲達遊戲逗趣之目的，故迴互弄巧，但對後世詩歌仍不無影響，黃徹䂬溪詩話云：

子建稱孔北海文章多雜以嘲戲，子美亦戲效俳諧體，退之亦有寄詩雜詠俳，不獨文舉爲然。自東方生而下，禰處士、張長史、顏延年輩，往往多滑稽語，大體材力豪邁有餘，而用之不盡，自然如此。

這正可說明融「仗氣使才」也。至於雜詩二首，第一首自抒懷抱，可稱爲壓卷之作，以標舉史事，發揚襟抱，爲左思詠史之先驅：

巖巖鍾山首，赫赫炎天路。高明曜雲門，遠景灼寒素。昂昂累世士，結根在所固。呂望老匹夫，苟為因世故。管仲小囚臣，獨能建功祚。人生有何常，但患年歲暮。幸託不肖軀，且當猛虎步。安能苦一身，與世同擧厝。由不愼小節，庸夫笑我度。呂望尙不希，夷齊何足慕。

首喻曹操之盛，次以「累世士」自標，而「昂昂」是屹立不屈，矯然自負。雖曹操「勢燄薰灼」（古文苑章樵注），但他永不願移節趨附，只思一奮猛志，飄然高擧，效管仲「尊王攘夷」之策。扶顚持危；卽若庸夫不知其志，多所疵笑，亦不與計較。明顯的，他對自己的選擇，已加以肯定，當他面對權奸，已絲毫不再妥協。此莽蒼之氣格，實足以「動義概而忤雄心」（范曄孔融傳論）懍焉壯哉！其志節由此詩而充分顯現。

雜詩第二首，似爲悼幼子夭殤之作，由悲慟愛子，更驚覺於人生之短促，「人生自有命，但恨生日希」，這是亘古的悲情。他是個有感情的人，是一放任天眞的人，故可俄而英雄，俄而兒女，至性眞情，躍然紙上，令人想見其爲人。

又其臨終詩，可見其坦然無介之懷，蓋已將生死看淡了，若莊子之能外死生，自然無所沾滯拘泥態：

言多令事敗，器漏苦不密，河潰蟻孔端，山壞由猿穴，涓涓江漢流，天窗通冥室。讒邪害公正，浮雲翳白日，靡辭無忠誠，華繁竟不實，人有兩三心，安能合爲一，三人成市虎，浸漬解膠漆，生存多所慮，長寢萬事畢。

古詩十九首第一「浮雲蔽白日」句李善注云：「古折楊柳行曰：讒邪害公正，浮雲蔽白日」，而北堂詩鈔卷一五八有孔融折楊柳行曰：「言多令事敗，語漏坐不密，河潰從蟻孔，山壞由鄒穴」四句，那麽，李善注言古折楊柳行兩句，恐出自孔融臨終詩。

此詩但追憤事之咎，而不以生滅爲感，末兩句「生存多所慮，長寢萬事畢」，實建安詩人，因世積亂離，風衰俗怨，普遍存有的人生無常，生命虛無之傾向。而孔融是個永不屈服者，祇因嫌隙，爲人陷害，在黑白莫辨、公理黯然的世代，他却不退却畏縮。當現實未能提供一眞誠相待，可以安身立命的環境下，「死」的境界—永遠的安息，却不失爲完全擺脫之所，因世間的恩怨，都一筆勾削，千金重擔，都釋脫了，此亦是向奸淫僞惡勢力的無言控訴。全詩分三段，首四句以理起興，此理殆由檢討自身行止得到的覺悟；自「讒邪害公正」以下八句，披露千古小人之僞詐陷害；移「涓涓江漢流，天窗通冥室」於「生存多所慮」之上，四句一意，即面對幽幽黃泉路，他終是昂昂一丈夫，氣骨何其曠傲耶！後人有以臨終詩「大類銘箴」（徐楨卿談藝錄）、「其意慨慨欲盡」（陸時雍詩鏡總論），實未能體會孔融詩文中那股「眞氣」！

至於其六言詩三首，寫漢末紛亂，烝黎失所，企盼曹操公忠以救國濟民也。後有人疑此詩乃僞託，非孔融作（如陸侃如中國詩史），以融與操不諧，似不應有「夢想曹公歸來，從洛到許巍巍，曹公憂國無私，減去廚膳甘肥，群僚率從祈祈」之句，然是時漢帝失所，操恭迎之，且收天下英雄，融固願見曹操能終始於漢室也。

其次，論孔融之奏議，則義正辭宏；書疏之體，有名者如薦禰衡一文，「氣揚而采飛」（文心章表篇）；論盛孝章書、與郗鴻豫書，概然有烈丈夫之概，其遒文壯節，逸宕絕倫，足可抗風千古。而救解楊彪所讚之語，實痛快而淋漓。孔融於漢末政壇、文壇上，都扮演著重要角色，然而自始至終，不曾浸染一點貴遊習氣，在他的作品中，看不到憐風弄月，聲歌宴遊之篇什，也因爲此，而愈見其高曠、具風力！文心雕龍知音篇云：

慷慨者逆聲而擊節，醞藉者見密而高蹈，浮慧者觀綺而躍心，愛奇者聞詭而驚聽。

孔融「氣盛於爲筆」，固是慷慨豪舉之流歟！

第五節　孔融肉刑議

晉書刑法志云：

建安元年……故遼東太守崔寔、大司農鄭元、大鴻臚陳紀之徒，咸以爲宜復肉刑。

按古有肉刑，至漢文帝十三年乃下詔廢除，使人得以全其身，不絕其類，其德可謂大矣。然以衰弊之世，或酷吏當道，每轉髡鉗爲大辟，則反失本惠；或姦盜淫傷之惡，髡鉗之罰又不足以懲，故代有不滿於肉刑之廢止者。至於漢季，天下擾攘，姦詭盜掠日甚，舊刑不足以懲罪，漸有人主張恢復肉刑，如崔寔政論云：

文帝雖除肉刑，當劓者笞三百，當斬左趾者笞五百，當斬右趾者棄市，右趾者既殞其命，笞撻者往往至死，雖有輕刑之名，其實殺也，當此之時，民皆思復肉刑，以此言之，文帝乃重刑，非輕之也。

陳紀亦以「漢除肉刑而增加笞，本興仁惻而死者更衆，所謂名輕而實重者也，名輕則易犯，實重則傷民」（陳紀子陳群奏辭，見陳群傳）。他如荀悅申鑒，也有恢復肉刑爲「生死而息民」的論調。而其中以仲長統之態度，最爲積極，其昌言損益篇云：

肉刑之廢，輕重無品：下死則得髡鉗，下髡鉗則得鞭笞，死者不可復生，而髡者無傷於人，髡笞不足以懲中罪，安得不至於死哉？夫雞狗之攘竊，男女之淫奔，酒醴之賂遺，謬誤之傷害，皆非值於死者也，殺之則甚重，髡之則甚輕，不制中刑以稱其罪，則法令安得不參差，殺生安得不過謬乎？今患刑輕之不足以懲惡，則假臧貨以成罪，託疾病以諱殺，科條無所準，名實不相應，恐非帝王之通法，聖人之良制也。

此在死罪與髡笞間，恢復肉刑，以稱中罪，實爲可怪之論。然由此可知當時刑罰之乖濫，是以肉刑之是否恢復成了朝野間爭議最激烈的一個主題。後來曹操下令欲恢復肉刑，使荀彧博訪百官，孔融乃首發反對意見，認爲不宜破壞古之良法美意。魏志荀攸傳注引荀氏家傳云：「(荀)衢子祈字伯旗，與族父愔俱著名，祈與孔融論肉刑，今祈文已佚，而孔融肉刑議是一篇義理宏正之佳構：

古者敦龐，善否區別，吏端刑輕，治無過失，百姓有罪，皆自取之，末世凌遲，風俗壞亂，政撓其俗，法害其教，故曰：上失其道，民散久矣。而欲繩之以古刑，投之以殘棄，非所謂與時消息也。紂斮朝涉之脛，天下謂之無道，夫九牧之地，千八百君，若各刖一人，是天下常有千八百紂也，求世休和，弗可得也！且被刑之人，慮不念生，志在思死，類多趨惡，莫復歸正：夙沙亂齊，伊戾禍宋，趙高英布爲世大患，不能止人遂爲非也，適足絕人還爲善耳，雖忠如鬻權，信如卞和，智如孫臏，寃如巷伯，才如史遷，達如子政，一罹刀鋸，沒世不齒。是太甲之思庸，穆公之霸秦，南睢之骨立，衛武之初筵，陳湯之都賴，魏尚之守邊，無所復施也。漢開改惡之路，凡爲此也，故明德之君，遠度深惟，棄短就長，不苟革其政者也。

孔融從根本處立論，認為先使政治清平上軌道，則政簡吏端，風俗敦樸，自然少作奸犯科之徒。仲尼云：苟子之不欲，雖賞之不偷。則何用斷截呢？且肉刑斷人肢體，使被刑者絕了自新的機會，而愈趨惡端；忠信者蒙寃被刑，永無翻身餘地，此貞士之所痛。孔融對於當時政刑，痛加針砭，以好生之德，發不忍人之議，辭義剴切，故「朝廷善之，卒不改焉。」（融本傳），其後又屢議恢復肉刑，往來破立，以衆議未一而罷，而所有持反肉刑之論者，每引孔融之意見以堅立己說，如夏侯玄之反肉刑，中引孔少府曰：「殺人無所，斫人有小瘡，故刖趾不可以報施，而髠不足以償傷，傷人一寸，而斷其支體，為罰已重，不厭衆心」，此段文字，不見於孔融肉刑議中，想孔融尚有其他針對此問題之議論也，其影響可謂廣大。我們從當時肉刑之議，知亂世用重法之要求也。

第六節　孔融有關人物、地域優劣論探義

今孔少府集存有聖賢優劣論及周武王漢高祖論二篇，乃為有關人物優劣之論；另汝潁優劣論，則屬地域優劣之名論。而二者乃沿東漢清議、鑒識風氣衍續而來。

據魏志荀攸傳注引荀氏家傳言：「（荀）衢子祈字伯旗，與族父愔俱著名，……愔與孔融論聖人優劣。」則知孔融聖人優劣論乃與荀愔論辯之作。

按東漢以來，月旦人物之風熾，先是裁量執政，終引發黨錮之禍，從此不得不捨具體人物而轉為抽象原理之探討，或僅對古代聖主、明主、功臣、將相等人物風神加以賞鑒評價，即若品題當代人物，亦僅就其風姿欣趣上，作玄遠象徵式的品評，此為避免被捲入政治是非也。

而在他們的人物品第之中，以聖人為人倫之極，是最理想的人格形象，此可從歸納漢末人倫鑒識為

總理則的「人物志」一書，窺出端倪。人物志九徵篇云：

是故兼德而至，謂之中庸，中庸也者，聖人之目也。

又云：

聖人淳耀，能兼二美，知微知章。

唯有聖人純德，其爲人也，「質素平淡，中叡外朗，筋勁植固，聲淸色懌，儀正容直，則九徵皆至」（九徵篇），具超絕之天姿，智周萬物，才兼百行。也唯有聖人，足以有臨，足致太平。劉邵之論，既然是歸納漢末鑒識的一些觀點，是否卽從荀悅論聖人：「受乾坤之醇靈，禀造化之和氣，該百行之高善，備九德之淑懿，極鴻源之深閩，窮品物之情類，曠蕩出於無外，沈微淪於無內，器不是周，不克聖極」之說而來，就不得而知了，但當時對聖人形象的勾勒，大略如此，則是可肯定的。

從他們對於聖人的描述，措辭是那麽玄遠、那麽高妙，知亦是一種美的欣賞，這種理想人物存於若有若無之間。但我們追問當時人爲何對這種理想之人格形象那麽有興趣，其用意何在呢？也許就是對於執政者的鄙視、對當時天下擾攘的不滿。因爲執此理想之人物形象，來裁量當時之統治者，自然沒有一個入流，那麽，欲其致太平，直如緣木求魚耳！

既然今之人物，達不到此標準，那麽，祗有求諸古人了，而古代人物中，誰才是眞正的聖人？聖人既屬兼德而至，然是否祗是獨善其身、遺世而獨立？抑汲汲獻身於生民？是否可由其聲德之大小而衡其優劣？此皆他們探討的問題。孔融聖人優劣論云：

馬之駿者，名曰騏驥，犬之駿者，名曰韓盧，犬之有韓盧，馬之有騏驥，人之聖也，名號等設。騏驥與韓盧並走，寧能頭尾相當，八脚如一，無有先後之覺矣。

其意以爲聖人特鍾純美，爲人中之秀傑，能力比別人強，那麼聖人優劣之分，就在其政化之是否洽於民心上。聖人優劣論又云：

堯作天子九十餘年，政化洽於民心，雅頌流於衆聽，是以聲德發聞，遂爲稱首。則易所謂聖人久於其道，而天下化成，百年然後勝殘去殺，必世而後仁者也。故曰大哉堯之爲君也，堯之爲聖也，明其聖與諸聖同，但以人見稱爲君爾。

荀悟以堯能法天，故爲衆聖之最優；而孔融以堯政化洽於民心，是以聲德發聞而稱首，一由體道，一由實踐上論，觀點不同，前者就內在本質論斷，後者以外在政化判分，一虛一實，各有勝場，合之乃成。按漢書古今人表將人分爲上上、上中、上下、中上、中中、中下、下上、下中、下下九等，其中上上之聖人，乃指三皇、五帝、禹、湯、文、武、周公、孔子等人，此即以仁治德義爲高，本乎儒家道德實踐之標準以立言者，與後來之推重淡泊清遠、沖和通無者異趨，而此崇尚清遠、沖和之流，實沿自荀悟之說也。

其次析論孔融之「周武王漢高祖論」，此爲帝王優劣之論。前云黨錮之禍發生後，人物評論的對象，轉向與現實無關之古代人物—尤其是史漢人物之品隲，凡才德相當、地位類似、功過大同者，乃判其異同，較其優劣。因爲品騭古代人物，不必顧慮到政治是非，可以放膽暢言，極盡其思致之所及，以是人物論遂起並作，成了談玄的論題之一。當然，我們可由其較量人物優劣之中，看出其心迹。今歸納此類論題，於帝王優劣論中較著者即有周成漢昭論（曹丕、曹植、丁儀皆有此作）、周武王漢高祖論（孔融）、孝武論（曹丕）、漢二祖優劣論（曹植）等。今觀孔融「周武王漢高祖論」云：

周武王從后稷以來，至其身相承，積五十世，俱有魚烏之瑞。至高祖一身修德，瑞遽有四：呂公望形而薦女，呂后見雲知其處，白蛇分，神母哭，西入關、五星聚。又武王伐紂，斬而刺之；高祖入秦，赦子嬰而遣之；是寬裕又不如高祖也。

此以修德而後瑞應報之，撰瑞應而知其德，今武王不及高祖，是其一。又高祖寬弘大量，能赦前代之君，此又武王所不及。孔融於此是否有所影射，不得而知。要之，其重修德、尚寬和，則朗然可見。周武、漢高俱爲開國之君，而高祖爲勝，此恐爲孔融忠於漢之表現。而爲政在寬裕，不尚苛刻，或乃有感而發。

孔融另有「汝潁優劣論」，此屬地域優劣之辨，爲矜尚門第之副產物。蓋時人以才地自矜，而社會每亦以此爲衡論人物高低的標準。三國志荀彧傳注引荀氏家傳云：

陳群與孔融論汝潁人物，群曰：荀文若、公達、休若、友若、仲豫，當今並無對。

按汝南與潁川，卽今之河南中、南部一帶，爲豪門世族、才姿名士輩出之地。據御覽所引姚信士緯：

汝南陳仲擧，體氣高烈，有王臣之節；潁川李元禮，忠平正直，有社稷之能，海內論二士，有議而未決……。

可知兩地人才盛，難分軒輕，如潁川之荀氏，赫赫有名。今比其環境，較人物表現行爲之難易，以定其優劣，以人爲主，故雖列入地域優劣論，實仍爲人物優劣論也。嚴可均全後漢文收孔融汝潁優劣論一文曰：

融以汝南士勝潁川士。陳長文難曰：頗有蕪菁，唐突人蔘也。融答之曰：汝南戴子高，親止千乘萬騎，與光武皇帝共揖于道中；潁川士雖抗節，未有頡頏天子者也。汝南許子伯與其友人共說世俗將壞，因夜起擧聲號哭；潁川士雖頗憂時，未有能哭世者也。汝南許掾敎太守鄧晨圖開稻陂，灌數萬頃，累世獲其功，夜有火光之瑞；韓元長雖好地理，未有成功見效如許掾者也。汝南張元伯身死之後，見夢范巨卿；潁川雖有奇異，未有神鬼能靈者也。汝南應世叔讀書五行俱下；潁川士雖多聰明，未有能離婁並照者也。汝南李洪爲太尉掾，弟殺人當死，洪自劾詣閤，乞代弟命，便飲酖而死，弟用得全；潁川士雖尙節義，未有能殺身成仁如洪者也。汝南翟文仲爲東郡太守，始舉義兵以討王莽；潁川士雖疾惡，未有能破家爲國者也。汝南袁公著爲甲科郎中，上書欲治梁冀；潁川士雖慕忠讜，未有能投命直言者也。

此以一己之印象，作主觀之評斷，就在自由議論間，可看出作者的懷抱。陳群爲潁川人，其以潁川爲優，本甚自然。而孔融以汝南士之敢於頡頏天子、憂時哭世、殺身成仁、破家爲國、投命直言而認爲優於潁川士，則標榜士氣甚明，其胸中實存天下爲己任之責任感也，此與唯身家性命是保者，殆不可同日而語。孔融非汝南人，却以上列諸點推尊汝南士，則其浩然正氣，直上霄漢，使千載後讀之，猶肅然起敬焉。

結論

宋錢時兩漢筆記云：「三代而下，人才莫盛於漢季，嗚呼！人才之盛世，道之衰也。何者？明王不作，群邪用事，士君子激於時變，發於忠憤而風節著焉，此豈得已也哉？然大抵多激切而少寬平，饒鋒芒而乏醞藉，日胎月蘊，竟成黨錮之禍，蓋有由矣。」是世愈暗而抗志愈高，變愈激而立行愈峻，孔融以區區愛君憂國之忠，發爲危言駭論，實足以喚起汨迷之人心也。此與拘俗束教之曲士比，自見高卑。至於抱朴子淸鑒篇云：「孔融、邊讓，文學邈俗，而並不達時務，所在敗績」，此乃以成敗論人也。

【附　註】

註一：文心程器論文士之疵云：「文舉傲誕以速誅」，意林引傅玄傅子云：漢末有管秋陽者，與弟及伴一人避亂俱行，天雨雪，糧絕，謂其弟曰：今不食伴，則三人俱死，乃與弟共殺之，得糧達舍，後遇赦無罪，此人可謂善士乎？孔文舉曰：「管秋陽愛先人遺體，食伴無嫌也。」荀侍中難曰：「秋陽貪生殺生，豈不罪耶？」文舉曰：「此伴非會友也，若管仲啖鮑叔、貢禹食王陽，此則不可，向所殺者，猶鳥獸而能言耳，今有犬齧一狸，狸齧一鸚鵡，何足怪也？」觀文舉之論，實誕之甚。金樓子立言篇亦載文舉論食人語，文小異。故宋書王微傳云：「諸葛孔明云：來敏亂郡過於孔文舉」。

註二：古文宛章樵注言孔融之偉壯處，就在其不趨炎附勢。

註三：北堂書鈔引：「署爲鼓吏，裸辱曹操，孔融復見操說衡狂疾，令求自謝」。

第二章　陳琳學述

前　言

孔璋以一「檄豫州文」，詆操「贅閹遺醜，本無懿德，𤞑狡鋒協，好亂樂禍……」痛快淋漓，而成千古之名；另「飲馬長城窟」中言：「男兒寧當格鬥死，何能怫鬱築長城」，奮其怒氣，詞旨凌厲，豈僅以章表書記稱儁耳！謝康樂擬鄴中集言陳琳「述喪亂事多」，蓋琳自仕何進主簿以來，歷典文章，隨軍出入，有鞭笞四海之勢，故多騁辭之作，文體亦漸趨繁富也。而鋪張揚厲，迭用排比，是壯有骨鯁者矣！

第一節　陳琳生平考略

陳琳字孔璋，廣陵（今江蘇江都縣東北）人，史傳未載其父祖，或父兄未居顯要之故。琳生年亦不詳，僅據王粲傳後附陳琳傳，略考其行年。

靈帝中平六年己巳（西元一八九年）爲何進主簿，止進召外兵。

本傳言：「琳前爲何進主簿，進欲誅諸宦官，太后不聽，進乃召四方猛將，並使引兵向京城，欲以劫恐太后。琳進諫曰：易稱卽鹿無虞，諺有掩目捕雀，夫微物尚不可欺以得志，況國之大事，其可以詐立乎？今將軍總皇威，握兵要，龍驤虎步，高下在心，以此行事，無異於鼓洪爐以燎毛髮，但當速發雷霆，行權立斷，違經合道，天人順之，而反釋其利器，更徵於他，大兵合聚，強者爲雄，所謂倒持干戈，授人以柄，必不成功，祇爲亂階。進不納其言，竟以取禍。」據何進傳：「言太后不聽，進不能決斷，紹乃畫策多召四方猛將及諸豪傑入京以脅太后，進然之。主簿陳琳入諫反對。」進不聽，終被斬於嘉德殿前。其後董卓遂廢帝殺太后，敗亂漢室。按主簿爲漢以後置，漸爲主將幕僚長而地位愈顯。

獻帝初平二年辛未（西元一九一年）奔冀州依袁紹。

陳琳傳：「琳避難冀州，袁紹使典文章。」袁紹本傳言卓議欲廢立，紹不贊成，卓復言劉氏種不足復遺，紹勃然曰：天下健者，豈惟董公。橫刀長揖徑出，懸節於上東門，而奔冀州。初平元年，卓採侍中周珌、城門校尉伍瓊之說，授紹勃海太守，封邟鄉侯，紹遂以勃海起兵。時冀州牧韓馥見人情歸紹，深忌之，然紹客逢紀獻計，密要公孫瓚將兵南下，幷遣辯士爲陳禍福，馥果迫於倉卒，乃避位遣子送印綬以讓紹，紹遂領冀州牧，琳奔冀州，殆其時也。後紹使琳典文章。「飲馬長城窟行」，或即因董卓爲禍，身受流離之苦，有感而作耶？

興平二年乙亥（西元一九五年）作書喻臧洪。

據臧洪傳：時張超在雍丘，曹操圍之急，東郡太守臧洪舊爲張超使，及超被侵，情勢危甚，臧洪徒跣號泣，從紹請兵，將赴其難，紹不與；請自率所領以行，亦不許，超終潰敗自殺，被操夷其三族，臧洪由是怨紹，紹興兵圍之。紹令洪邑人陳琳以書喻之，示其禍福，責以恩義，洪復書絕之，其言曰：「…行矣孔璋，足下徼利於境外，臧洪投命於君親，君子託身於盟主，臧洪策名於長安，子謂余身死而名滅，僕亦笑子生而無聞焉。」李善注引獻帝春秋曰：「紹使琳爲書八條告喩使降」。

建安元年丙子（西元一九六年）爲袁紹上漢帝書。

袁紹本傳云：「建安元年，曹操迎天子都許，乃下詔書於紹，責以地廣兵多而專自樹黨，不聞勤王之師而但擅相討伐，紹上書深自陳愬。」其上漢帝書，即陳琳所作也。

建安三年戊寅（西元一九八年）爲袁紹與公孫瓚書。

資治通鑑建安三年紀云：「袁紹連年攻公孫瓚，不能克，以書諭之，欲相與釋憾連和」，瓚不答，而增修守備，紹於是大興兵以攻瓚。而此袁紹與公孫瓚書即琳所作也。

建安四年己卯（西元一九九年）琳更公孫瓚與子書，幷爲袁紹作拜烏丸三王爲單于版文。

百三家集「更公孫瓚與子書」題下注云：「瓚夢薊城崩，知必敗，乃開使與子續書，紹侯者得之，使陳琳更其書。」此或據獻帝春秋所云：「侯者得書，紹使陳琳易其辭。」後瓚果中計，爲紹設伏所敗死。琳又爲袁紹拜烏丸三王爲單于版文：資治通鑑云：「初，烏桓王丘力居死，子樓班年少，從子蹋頓有武略，代立，總攝上谷大人難樓、遼東大人蘇僕延、右北平大人烏延等。袁紹攻公孫瓚，蹋頓以烏桓助之。瓚滅，紹承制皆賜蹋頓、難樓、蘇僕延、烏延等單于印綬。」琳又作武軍賦，其序曰：「迴天軍於易水之陽，以討瓚焉。」知武軍賦作於此年。武軍之壯，代有佳評，空群之目，超古邁今，葛洪抱朴子鈞世篇云：「等稱征伐，而出車、六月之作，何如陳琳武軍之壯乎？」可見享盛名於時。

建安五年庚辰（西元二〇〇年）爲袁紹檄豫州文。

沈家本曰：文選此文檄首有左將軍領豫州刺史郡國相守云云，如爲所告之人，則其時偏檄州郡，不應獨舉豫州；如爲立言之人，則檄乃紹之辭，不應稱左將軍云云也。按通鑑作移檄州郡，是時備方奔紹，自以移檄州郡爲是。那麼，文選左將軍豫州刺史郡國相守云云，乃以豫州刺史列於郡國相守之前，仍爲通告各州之文字，同文分寄，後來偶存豫州一紙，後人見前有「左將軍領豫州刺史郡相守」等字樣，因題曰「檄豫州」，今魏氏春秋卽作「檄州郡」，從文選此文篇末有州郡各整戎馬之語可證。按建安五年春正月，操擊破劉備，備奔紹，操還軍官渡，紹議攻許，田豐強諫忤紹，紹械繫之，於是移檄州郡，數操罪惡。檄文乃陳琳之辭，文心雕龍檄移篇云：「陳琳之檄豫州，壯有骨鯁，雖姦閹攜養，章實太甚，發丘摸金，誣過其虐，然抗辭書釁，皦然露骨矣。」琳以符檄擅聲，自此始。文中一曹一袁，短長錯出，出以迅筆，翻成跌宕之勢，故操見此檄曰：「有文事者，必須以武略濟之，陳琳文字雖佳，其如袁紹武略不足何！」

建安九年甲申（西元二〇四年）爲袁尚乞降於操。

操攻袁尚於鄴，圍尚營，未合，尚懼，遣豫州刺史陰夔及陳琳乞降，操不許，爲圍益急。此事見於魏志武帝紀建安九年及袁紹傳。則陳琳於袁紹敗亡後，又往依附袁尚，至建安九年秋八月，鄴城陷，琳始歸操。琳本傳云：「琳歸太祖，太祖謂曰：卿昔爲本初移書，但可罪狀孤而已，惡惡止其身，何乃上及父祖邪？琳謝罪。」御覽五百九十七引魏書，言琳謝曰：「矢在弦上，不得不發。」按琳檄文中，有譏操祖騰「饕餮放橫，傷化虐民」；父嵩「乞匃攜養，因贓假位，輸貨權門，竊盜鼎司」等語，操終以愛才而不咎。

建安十年乙酉（西元二〇五年）爲司空軍謀祭酒，管記室，爲主掌軍國書檄之制作。

典略云：「琳作中書，及檄草成，呈太祖，太祖先苦頭風，是日疾發，臥讀琳所作，翕然而起曰：此愈我病，數加厚賜。」梁章鉅曰：「琳檄草愈頭風，此歸太祖後事，而世專指袁本初之檄文，殊失實。」按琳之爲司空軍謀祭酒，必於歸操後不久。至於爲操所草之檄文，今已不傳，難怪後世之以檄豫州文爲愈操頭風也。

建安十二年丁亥（西元二〇七年）作神武賦。

陳琳神武賦序云：「建安十二年，大司空武平侯曹公東征烏丸，六軍被介，雲輜萬乘，治兵易水，次於北方，可謂神武奕奕，有征無戰者矣。」按魏志武帝紀言建安十二年，操北征三郡烏丸，八月與虜遇，使張遼爲先鋒，大破虜衆，斬蹋頓及名王以下，胡漢降者二十餘萬口。

建安十三年戊子（西元二〇八年）徙丞相門下督。

後漢書獻帝紀云：「（建安十三年）六月癸巳，曹操自爲丞相。」門下督爲直屬長官，想琳卽在此時任爲門下督。

建安十六年辛卯（西元二一一年）與諸子遊宴酬唱。

按建安十六年，丕爲五官中郎將，妙選文學，諸子卽在此時與曹氏兄弟從遊。魏文帝瑪瑙勒賦序：「瑪瑙，玉屬也，出自西域，文理交錯，有似馬腦，故其方人因以名之，或以繫頸，或以飾勒，余有斯勒，美而賦之，命陳琳、王粲並作辭。」證以陳琳瑪瑙勒賦序云：「五官將得瑪瑙，以爲寶勒，美其英綵之光艷，使琳賦之。」文帝迷迭香賦又云：「余種迷迭于中庭，嘉其揚條吐香，馥有令芳，乃爲之賦。」陳琳迷迭賦或亦同時受命作。另外大暑賦、鸚鵡賦亦當作於此時，同作有王粲、劉楨、應瑒、阮瑀，諸子同聚鄴下，爲文學侍從，故多詠物記事之作。至於遊覽、宴會詩，中多「高會」、「投觴」、「駕言從友生」、「逍遙登高城」、「良友招我遊、高會宴中闈」之句，想亦與諸子樂讌時所作也。陳王曹植有「與陳孔璋書」（據太平御覽、文選注）當在此年或以後作。文心事類篇：「陳思，群才之英也，報孔璋書云：葛天氏之樂，千人唱，萬人和，聽者以爲蔑韶夏矣。」可知陳琳與曹丕、曹植頗爲交好也。

建安二〇年乙未（西元二一五年）爲曹洪與魏太子書。

魏文帝敍陳琳云：「上平定漢中，族父都護還書與余，盛稱彼方土地形勢，觀其詞，如陳琳所敍爲也。」後丕爲書嘲之。按建安二十年破漢中，張魯降，琳爲洪與魏太子書當作於此時。後曹洪又答書置辯，頗奮文辭，仍出陳琳之手，有揮勁翮凌清浮之勢，往返足以爲歡也。又作柳賦：曹丕柳賦序云：「昔建安五年，上與袁紹戰於官渡，是時余始植斯柳，自彼迄今，十有五載矣，感物傷懷，乃作斯賦。」則應瑒、陳琳、王粲、繁欽之柳賦，約當作於同時。

建安二十一年丙申（西元二一六年）作檄吳將校部曲文。

琳檄吳將校部曲文首署「尙書令彧告江東諸將校部曲，及孫權宗親中外」，則檄文本當爲建安十七年征權之事，荀彧傳云：「（建安十七年）會征孫權，表請彧勞軍於譙，因輒留彧，後彧以憂薨。」然檄文中敍馬超、宋建、張魯事，皆在彧卒之後，故姜皋疑彧爲攸之譌。而盧弼更考攸傳注，知建安十九年卒，年五十八，與文中事亦不符，故疑攸卒於二十一年，則與檄中情事皆合矣。因王粲有「爲荀彧與孫權檄」，則陳琳之檄或乃爲荀攸所作。琳又作神女賦：「漢三七之建安，荆野蠢而作仇。贊皇師以南假，濟漢川之淸流」，知是建安二十一年擊孫權時作。又答張紘書，文學年表亦繫於此年：吳書曰：「（張）紘見枏榴枕，愛其文而作賦，（藝文類聚七十有張紘瓌材枕賦，疑即此篇，紘又有瓌材枕箴，亦載類聚）陳琳在北見之，以示人曰：此吾鄉里張子綱所作也，後紘見陳琳作武軍賦、應機論，與琳書，深歎美之，琳乃答書。」意氣鏗鏘。張說洛州司馬集序云：「文人才子，重世間出，豈止枏榴體物，陳琳得以示人也。」另琳有答東阿王一牋，按植徙封東阿王爲太和三年，而琳卒於建安二十二年，故當爲答臨淄侯牋，按牋文有「昨加恩辱命，幷示龜賦，披覽粲然」，植有神龜賦，清丁晏即斷爲植示琳之龜賦也。以正確年代無由考，故暫繫於此年。琳又有大荒賦曰：「假龜筮以貞吉，問神諗以休祥」，或亦作於此時。陸雲稱陳琳大荒賦「甚極」，知亦有名於世。又本傳集解引藝文類聚七十九陳琳神女賦言作於建安廿一年從征吳時。另據摯虞文章流別論言建安中，文帝從武帝出獵，賦，命陳琳、王粲、應瑒、劉楨並作，陳琳爲「武獵賦」，今不存，文學年表繫於此年。

建安二十二年丁酉（西元二一七年）琳去世。

本傳云：「幹、琳、瑒、楨，二十二年卒。」建安二十二年，癘氣流行，徐、陳、應、劉一時俱逝。南畿志：陳琳墓在淮安邳州。唐溫庭筠有過陳琳墓詩：「曾於青史見遺文，今日飄蓬過此墳，詞客有靈應識我，霸才無主始憐君，石麟埋沒藏春草，銅雀荒涼對暮雲，莫怪臨風倍惆悵，欲將書劍學從軍。」隋書經籍志錄後漢丞相軍謀掾陳琳集三卷；梁十卷、錄一卷；唐志陳琳集十卷。嚴可均全後漢文輯存文十九篇，馮惟訥詩紀輯存樂府詩三篇。唐吳兢樂府古題要解有云「博陵王宮俠曲，見陳琳集」，唯此作品今已未見。

第二節　由「應譏」一文揣陳琳之政治思想

夫諸子皆一時之儁，他們雖未登顯位，未預政治核心問題，然而他們對仕途都曾表現過熱衷，對治國理民之道，都饒有見解，故雖片言隻語，實足供省覽。按「應譏」一文，爲陳琳答人設難之語，由其應答，可窺其政治思想，茲略述之。

首先陳琳强調軍事之不可缺。他說：「夫兵之設亦久矣，所以威不軌而懲淫慝也。夫申鳴違父，樂羊食子，季友鴆兄，周公戮弟，猶忍而行之，王事所不得已也。」兵事是保護百姓、安定社稷不可缺的一環，則貴武勇是先勞後逸之策。是以立國之初，須經掃蕩芟夷的階段，及天下底定，乃能談到垂拱無爲之治。

陳琳亦主張「治平尙德行，有事賞功能」，其言曰：「夫世治責人以禮，世亂則考人以功，斯各一時之宜。故有論戰陣之權於淸廟之堂者，狂矣；陳俎豆之器於城濮之墟者，則悖矣。」是以「達人君子，必相時以立功，必揆宜以處事。」此種以實功爲程之學說，正配合著曹操用人唯才、明賞功能之政治措施，而相得益彰。而陳琳提出的「立功相時，處事揆宜」之原則，實千古爲政者奉行不失的準則。

另外，陳琳又提出標準之君當爲：「聞管籥之聲，則恐民之病也；見羽毛之美，則懼士之勞也；察稼穡之不時，則推民之匱也；臨台觀之崇高，則恤役之病也。是以虛心恭己，取人之謨；闢四門，廣諫路；貴讜言，賤巧僞；慮不專行，功不擅美；咨事若不及，求從恐不聞，用能使賢智者，盡其策，勇敢者，竭其身，故擧無遺闕，而風烈宿宣也。」在此陳琳對執政者寄予很深的期望，他認爲仁德之主，必以「寬弘爲宇、仁義爲廬」，恐民之病，懼士之勞，推民之匱，恤役之病，故寬徭薄賦；廣開言路，諮諏善道，察納正言，並斥退巧僞，擧用賢能，推誠待下，不自是自專，則人才樂爲所用，這是致治的保證。

大抵陳琳歷爲何進主簿、袁紹文章、曹操記室，早與戎伍，知兵力之不可忽。而何進，袁紹之敗，即在自是自專，不能聽采善言也。孔璋睹斯時亂離，生民塗炭，故處處以民瘼爲憂，他認爲凡能夠解生民於倒懸者，乃配爲人君，當他親眼看到靈帝以來，宦官權奸之殘酷忠良，暴亂王室，每痛心疾首。他一方面爲自己之投奔作合理的解釋，以駁時人譏其「賤文德而貴武勇，任權譎而背舊章」；一方面也提出自己的政治主張，給當時主政者以參考。在他心目中的理想政治是國君懷仁德之心，刻刻以人民爲念，而針對事實需要，起衰振弊，整軍經武，先以自保，再求富强，及國治民安，則行無爲之政，使百姓熙熙，如享太牢。陳琳所鉤勒之政治藍圖，豈書生論議，大而無當者之比！

第三節　陳琳詩文特色

陳琳檄文，騁辭而張勢，最得檄之正體。文心檄移篇云檄之大體爲「或述此休明，或叙彼苛虐，指天時，審人事，算彊弱，角權勢，標蓍龜于前驗，懸鞶鑑于已然，雖本國信，實參兵詐，譎詭以馳旨，煒曄以騰說」，而陳琳之檄文，確實能做到「分閫推轂，奉辭伐罪，非唯致果爲毅，亦且厲辭爲武」，爲事昭理辨、氣盛辭斷之佳構，其抗辭書釁，敢攖曹操之鋒，實千古壯筆！大抵陳琳口辯辭長，眞氣彌滿，故一瀉千里，浩浩湯湯，如其自道「矢在弦上，不得不發」者，這種行文態度，其特色是「情侈意奢，說事頗過其辭」，蓋條暢以任氣，自易流爲「繁富」也。

琳除檄移如山風海水逼人，足愈操之頭風（典略），而享譽於時外，書表亦意氣風發，筆力殊健，如其「爲曹洪與魏世子書」，雖爲「遠以爲懽」之作，讀之實快人心脾，把玩無厭，眞所謂「嬉笑怒罵，皆成文章」者。他爲了達到賞心悅目，每挖空心思，去刻劃一些不必實有的事或物，這是使文學從質實走向文華的關鍵，因爲在諸子之「望路爭驅」、使才任氣之下，使辭彙增加了，舊有的格局打破了，思想開放了，文體也益加恢張矣。

同樣的，陳琳賦亦以「壯」稱。如武軍賦：「百校羅峙，千部列陳，彌方城，掩平原，於是啓明戒旦、長庚告昏，火烈具舉，鼓角竝震，千徒從唱，億夫求和，聲訇隱而動山，光赫奕以燭夜。……」又神武賦：「車軒轔於雷室，騎浮厲乎雲宮，暉曜連乎白日，旍旗繼於電光……威凌天地，勢括十衝，單鼓未伐，虜已潰崩，克俊馘首，梟其魁雄。……」滔滔不絕，不可遏抑，雖曹植言琳「不閑於辭賦」，然實有足觀者。

至於詩，屬樂府之「飲馬長城窟行」評價最高，其成功處，是一方面具漢人風矩，二是機軸開，為後日邊塞詩所取則。通篇夫妻往返報答，却了無痕跡，實不可多得之憂時佳構。另外，其遊覽詩二首，亦有名，雖為抒情小詩，却深寄悲慨。其第一首：

高會時不娛，羈客難為心，殷懷從中發，悲感激清音，投觴罷歡坐，逍遙步長林，肅肅山谷風，默默天路陰，惆悵忘旋反，戲欷涕沾襟。

夫會且不娛，是極失路無聊之意，何以失路無聊至高會不歡耶？為「羈旅」之懷鄉也。「肅肅」、「默默」，雖是擬摩風聲及匝地林陰，亦是心境冷寂的寫照。「惆悵忘旋反」，是茫然不知所止也。此與阮瑀雜詩「客子易為感，感此用哀傷……還坐長歎息，憂憂安可忘」、「思慮益惆悵，淚下沾裳衣」可謂同心同調，故藝文類聚一載於廿七卷行旅部，一載於廿八卷遊覽部（註一）。遊覽詩第二首：

節運時氣舒，秋風涼且清，閑居心不娛，駕言從友生，翱翔戲長流，逍遙登高城，東望看疇野，迴顧覽園庭，嘉禾凋綠葉，芳草纖紅榮。騁哉日月逝，年命將西傾，建功不及時，鐘鼎何所銘，收念還房寢，慷慨詠墳經，庶幾及君在，立德垂功名。

時屆初秋，景風涼清，時節代序，由歲月奔逝，年命將頹之驚覺，而亟思及時建功立名。「及君在」為時與曹氏兄弟宴遊也，或可依託而得到施展的機會。通篇「敷寫密、波瀾曲，屬句深穩，流言華贍，不與曹、王同其橫率，而圓開康樂，方肇平原，足知以大聲駔度殊建安於黃初者，甂甌見爾。」（王夫之船山古詩評選）首篇似爲西園遊樂，冠蓋爲煩，「雖信美而非吾土」之悲感，頓然湧興，唯有藉著漫步遣懷。而我心勞憂，一時千百種情緒，如離鄉背井、有志未伸、知音不遇、憂時傷亂等交集於胸臆，竟一場消黯，永日無語。也許，陳琳在追憶冀州時事，喚起過去飄泊、出生入死等身世之感，撫今追昔，在黯然不知所止之心情下，竟出而忘返。

遊覽第二首，當是同阮瑀管記室時作，「建功不及時，鍾鼎何所銘」、「庶幾及君在，立德垂功名」之句，與應瑒「侍五官中郎將建章台集詩」中之「欲因雲雨會，濯翼凌高梯」、王粲「從軍詩」之「雖無鉛刀用，庶幾奮薄身」等皆是亟思建功立業，以垂不朽之要求也。建安諸子之作品，每多相互摸擬故常有意同且辭近之句，蓋生活環境相同，思想、情感亦略近也。

典略稱孔璋「粗疏」（註二），亦有稱其「饒爽」，然處在那個時代，任何人都「獨抱深感」，想陳琳亦不能例外，而其詩今多亡佚，如胡應麟言陳琳詩七言勝五言（註三），現已不見七言，故無法一睹其飛揚跋扈之風格外，別具的悲婉情調。要之，孔璋行文因鷹揚先進，故有「險而未安」（註四）之弊，順風託勢，亦難致其圓賅，此或其論體較弱之主因，信哉！諸子之各以一體擅美也。

第四節　陳琳「飲馬長城窟行」之時代意義

酈道元水經注曰：「始皇二十四年，使太子扶蘇與蒙恬築長城，起自臨洮，至於碣石，東暨遼海，西並陰山，凡萬餘里，民怨勞苦，故楊泉物理論有云：『秦築長城，死者相屬』，當時民歌曰：『生男愼勿舉，生女哺用脯，不見長城下，尸骸相支柱』，其寃痛如此」。長城，秦所築以備胡者，歷代皆有增築，或以當時亦有修築長城之事，或斯時徭役繁興，戰伐頻仍，「征人悲故鄉、閨人守空房」之悲劇，觸目皆是，於是陳琳懷悲憫之心，藉「人怨暴秦」之端以興諷焉。蓋當時文人尚保有社會寫實之風，偶有興會，每苦心舖辭，此飲馬長城窟行之所由作也。

按廣題曰：「長城南有溪坂，上有土窟，窟中泉流，漢時將士征塞北，皆飲馬此水也。」水經注亦云：「今白道南谷口有長城，自城北出有高坂，傍有土穴出泉，挹之不窮，歌錄云：飲馬長城窟，信非虛言也。」則長城下有泉窟，可以飲馬，今樂府古辭「飲馬長城窟」之得名，即言征戍之客，至於長城而飲其馬，婦人思念其勤勞，故作是曲，樂府解題曰：「古詞，傷良人遊蕩不歸，或云蔡邕之辭」；至於陳琳之辭，則本秦時苦長城之役的民歌，自製新辭，欲使後代之爲人主者，於臨台觀之崇高，不知恤役之病者，皆當有所警惕焉。

「飲馬長城窟」，一曰飲馬行，古今樂錄曰：「王僧虔技錄云：飲馬行，今不歌」，此曲流行於建安、三國間，或歌頌殺敵致勝的雄壯，或敍述築城慘死之悲苦，尤以後者，大家都懷著哭倒長城之怨氣，如「孟姜女故事」，即緣此民怨下蘊育而成。而上面二種激烈的質素，即開唐邊塞詩歌行體之遠祖。

長城向來被視爲秦始皇「防胡」而築成之國防壁壘，它是保護億兆生民之「萬世策」，它傲然的兀立在中國的西北，如守護神般，阻止了胡人南下牧馬。然而，它更是中華民族自我凝聚的標誌，是儼然劃分農業文化與遊牧文化的疆界，它分隔了兩種懸殊的文化形態，並代表著農業民族向西北拓展之極限，所謂「長城連不窮，所以隔華戎」（註五）也。自戰國初期，第一座長城在齊邊境築成，接著又出現了中山長城，列國踵繼修築，於是緜延數千百里之長城，永遠沈默的伴著這古老、歷盡滄桑的中國，它象徵著中華民族堅毅不拔，豪邁孤傲之民族精神。但是，我們也知道，這亘古的長城，是以血肉築成的，爲了增築、修補或捍衛這防線，犧牲了無數的生命。在好大喜功的統治者之强令徵調下，多少平居躬耕的青年，被迫放下耒耜，拋妻別子，離開自己之家園，跋涉萬里路，經冬歷春，常年暴露在風寒下、鞭影中，思鄉所積之鬱壘，摧折其健康，一朝蒙霧露，化作城下鬼。是以長城在文人之筆下，「却是一條用白骨舖疊、用鮮血塗抹的血線」（註六），長城變成了一個巨大灰黯的影子，罩住中國人之心頭，「征人悲故鄉」、「父母念孝養」、「室家歎孤嫠」，層層的悲劇，都推到長城上，從此，長城得默默的承受詛咒。而以征戍無有歸日，深閨少婦哀怨無告為主題的作品，何代無之。自古詩十九首「青青河畔草，緜緜思遠道」題為「飲馬長城窟」，寫婦人思念夫君勤勞起，其他類似作品，其實都是文人對徭役繁重的不滿，而其中並表達了反戰的思想。然上面古辭，並未直接提到長城，必須到了陳琳，描寫太原卒久築長城不得歸之事，而後長城與文學眞正連結起來（梁啓超疑琳辭才是飲馬長城窟本調，「青青河畔草」一首，反是繼起之作），而成為後世寫長城之典範，從此「長城跟下湧出的那泓水泉，就化為千萬征夫力役的淚水，這些淚水融合了民族感情，而這些詩都是陰暗、淒涼的。」（逯耀東先生長城與中國文化）觀陳琳之辭：

飲馬長城窟，水寒傷馬骨。往謂長城吏：「愼莫稽留太原卒！」「官作自有程，舉築諧汝聲」。「男兒寧當格鬥死，何能怫鬱築長城！」長城何連連，連連三千里，邊城多健少，內舍多寡婦，作書與內舍：「便嫁莫留住，善事新姑嫜！時時念我故夫子。」報書往邊地：「君今出語一何鄙！」「身在禍亂中，何為稽留他家子？生男愼莫舉！生女哺用脯，君獨不見長城下，死人骸骨相撐拄！」「結髮行事君，慊慊心意關，明知邊地苦，賤妾何能久自全！」

借夫妻之對話，充分的烘托這些征夫心情的陰暗與淒涼，「以去者無全生，十人九人死」，征夫不敢存歸返之希望，故陳琳首先以「水寒傷馬骨」句，由苦寒引出歸思，就在其中，弱女子之思夫閨怨，已朗然可覩。也就是一邊寫役夫心情的陰暗，而其中已襯出役夫之思婦，此爲文中夫婦書信對話的張本。「官作自有程，舉築諧汝聲」，由築城有課限，知邊事之倥偬，役夫用力之態，而前呼邪許，後亦應之的築城場面，生動的呈現在眼前，然在「千人萬人齊抱杵，軍吏執鞭催作遲，力盡不得休杵聲」（註七）之中，却是「苦哉無樂聲」！「長城何連連，連連三千里」，此「連連」，正寫工程之大，無有盡日，則夫婦之相聚，眞絕望矣，此已註定永不能返之宿命，故下緊接著「邊城多健少，內舍多寡婦」，爲更多的生離死別，更多的室家不完，老幼失養設伏筆，祇此二句，已窺役夫無言之控訴。在稽留未得歸，工作吃重，對未來一無希望之下，本然的會生出反抗的心理，故往謂長城吏：「愼莫稽留太原卒！」由「愼莫」知此役夫絕望之餘，有挺而走險之可能。「男兒寧當格鬥死，何能怫鬱築長城」，這是全體役夫的心聲！因歸鄉無期，由灰心而發爲憤慨，是怨之甚矣。此處作者充分的把握七言最適於表現激烈情感的特性。

及一切都歸於絕望，驚覺於「內舍多寡婦」的悲劇，以情之篤，不願再見「城下有寡妻，哀哀哭枯骨」之場面，故囑其改嫁，而在這裡所作的決擇，實辭苦而聲悽。此與妻子見信後之驚愕與勇決，同是愛之深的表示，故生命可以隨之豁出。就在最沈痛的情感中，描摹出了最誠摯的愛情，從其往來信息中所透露出的渴望與無奈，又深刻的諷刺那殘酷的時代，祇有愛情是唯一眞實。以生世不諧，他們唯有以宿命式的承受與意識間的詛咒來排解，而這其中愈能顯現民怨之一斑。「生男愼莫舉，生女哺用脯」！本來「家家養男當門戶」，然苦恨「今日作君城下土」，亂世則男不如女，此張籍西州曲所云：「郡縣發丁役，丈夫各征行，生男不能養，懼身有姓名」，這又是一大諷刺。而使民憤至此，何以爲國耶？「君獨不見長城下，死人骸骨相撐拄！」此引用民歌，跌醒己亦難逃死於邊城之命運，則長城變作「望鄉堆」，寃聲怨氣已沸天矣。其後僧子蘭更把陳琳這句話發揮盡致（註八），而開後世「君不見」之強調語式。末句以「之死靡他」相誓，頗得性情之正。蓋生存既無會期，唯有要君黃泉下矣。通篇安頓「浹洽生動」（註九）辭氣俊爽，「如孤鶴唳空，翮堪凌霄，聲聞於天」（註十）而更可貴者是作者借口敘事，自己隱身幕後，讓太原卒夫婦之往來寄答，襯托出怨亂思治、及眞愛無怨尤的兩大主題。其語意層次由外而內，由大而小，終涵攝出最軟弱的女人底堅强與貞節面。同時把人性之不可侮，發揮無遺。通篇無問答之痕，而神理井然，敘議夾寫，淋漓曲至，張玉穀「古詩賞析」推此作「古色奇趣，即在漢古辭中，亦屬上乘」，仔細研味，確然可與漢樂府競爽矣。

結論

陳琳筆健，文章爲建安之傑；賦則自許與司馬相如同風；而一曲「飲馬長城窟行」，寫「塞客衣單、孀閨淚盡」，沈痛決絕，千古垂名，下開唐代邊塞詩之特有風格。至於顏之推疵其「居袁裁書，則呼曹爲豺狼；在魏製檄，則目紹爲蛇虺」爲文人之巨患，然時命如此，亦士人之所深悲也！而臨風惆悵，高會不娛，英雄氣短，遲暮之感，實堪慟惜也！

【附註】

註一：藝文類聚卷二十八遊覽部收陳琳遊覽。廿七卷行旅收曹丕雜詩、曹植雜詩，其中或有道理在。

註二：典略云：「孔璋實自粗疏。」文心雕龍程器篇亦云：「孔璋偬恫以粗疏。」廣韻：偬恫，不得志也。

註三：胡應麟「詩藪」。

註四：陸時雍「詩鏡總論」。

註五：袁朗「飲馬長城窟行」。

註六：逯耀東先生「長城與中國文學」一文。

註七：張籍「築城曲」。

註八：僧子蘭「飲馬長城窟」：「遊客長城下，飲馬城長窟，馬嘶聞水腥，爲浸征人骨，豈不是流泉？終不及潺湲，洗盡骨上土，不洗骨中寃，骨若比流水，四海有還魂，空流嗚咽聲，聲中疑是言」。

註九：王夫之「船山古詩評選」。

註十：陳祚明「采菽堂古詩選」。

第三章　王粲學述

前言

文心雕龍才略篇云：「仲宣溢才，捷而能密，文多兼善，辭少瑕累，摘其詩賦，則七子之冠冕乎？」劉勰以王粲之詩賦爲建安七子之首，又鍾嶸詩品將王粲詩列爲上品，其辭章獨映當時，與曹植合稱「曹王」、與劉楨合稱「劉王」，在同輩中成就最高。其作品一方面有待詔謙亨，以騁才爭妍爲勝的；一方面又有靡密遒勁，反映時代苦難底有血有淚的篇章。以其精融眞淳、局面濶大，時激風雅餘波，並得楚騷氣骨，故於陳思而下，號稱獨步。今讀其詩，考其身世，揣摩其個性與文風，爬抉其學術淵源與影響，從而略窺建安文學之盛況與特色，如此，乃得辨章學術，考鏡源流之功。

第一節　王粲生平考略

魏志卷二十一王粲本傳言：「王粲，字仲宣，山陽高平人（山東鄒縣西南），曾祖父龔、祖父暢，皆爲漢三公，父謙，爲大將軍何進長史。」按龔、暢於後漢書有傳，益以張璠漢紀等史志，知王龔字伯宗，世爲豪族，有子數人，享高名於天下，順帝時爲太尉，在位恭順，自非公事，不通州郡書記，其所辟命，皆海內長者，如黃憲、陳蕃，都爲其引進。據司馬彪續漢書載：「龔以中常侍張昉等弄國權，欲奏誅之，時龔宗親有以楊震行事諫止之。」則其深疾宦官專權，志在匡正可知。至於束脩厲節，不爲苟得荀行，則士人莫不望風歸心焉。

至於王暢，更籍籍有名，張璠漢紀云：「王暢字叔茂，名在八俊，靈帝時（建寧元年）爲司空」，暢曾拜南陽太守，所在以嚴明著稱，自奉極爲儉約，「車毀不改，馬羸不易」（書鈔七十四）、「作飯塩豉菜茹」（御覽八百五十），時同郡劉表受學於王暢，年僅十七，因暢生活過於清苦，故進諫曰：

奢不僭上，儉不逼下，蓋中庸之道。是故蘧伯玉恥獨爲君子，府君若不師孔聖之明訓，而慕夷齊之末操，無乃皎然自遺於世。

暢從容答以：「以約失之者鮮矣，且以矯俗也。」則暢睹風俗之愈趨奢靡，躬自束約，以端俗勵風，其用心可謂良苦。當時王暢與李膺齊名，並荀翌、杜密、劉祐、魏朗、趙典、朱寓合稱「八俊」，言其爲人中英也。後漢書黨錮傳序言：

……諸生三萬餘人，郭林宗、賈偉節爲其冠，並與李膺、陳蕃、王暢更相褒重，學中語曰：「天下模楷李元禮，不畏強禦陳仲舉，天下俊秀王叔茂……」並危言深論，不隱豪強，自公卿以下，莫不畏其貶議，屣履到門。

其清介堪爲清流領袖，故危言危行之士，皆推宗之，願涉其流，惟恐不及（註二）。故聞其風者，足使頑夫廉，懦夫有立志。後來魏王旌表了二十四賢，明帝並爲他們述撰表狀，其中就有司空王暢，並形容王暢爲「雅性貞實，以禮文身，居家在朝，節行異倫」（群輔錄）但也因其直道而行，終不容於當道，及膺誅死，暢也跟著被廢於家了，於建寧二年卒。王粲長於名公之家，幼受庭訓，耳濡目染，才情自是不凡，而恢宏的政治抱負，與對時代的責任感，也由茲培養。

上述其先世，次明王粲之行年。

漢靈帝熹平六年丁巳（西元一七七年）王粲生。

按魏志王粲傳謂粲卒於建安二十二年（西元二一七），年四十一，可推當生於此年。

中平元年甲子（西元一八四年）粲八歲。

是年三月，黃巾起，何進由河南尹爲大將軍（魏志董卓傳注），則粲父王謙爲大將軍何進長史，必在該年以後，王粲傳曰：「進以謙名公之胄，欲與爲婚，見其二子，使擇焉，謙弗許，以疾免，卒於家。」其卒年不可考。梁章鉅曰：謙之歷官不可考，曹子建王仲宣誄云：「伊尹顯考，奕葉佐時，入管機密，朝政以治，出臨朔岱，庶績咸熙」，知亦當時顯宦也！按何進被誅於中平六年（西元一八九），揆上引文之意，則當爲何進未誅時。而王謙何以不與何進結通家之好耶？時何進位高權重，豪傑智謀之士，多被羅致，王謙以名公之胄，且德高行修，而被拔爲將軍府之幕僚長，然謙以近於何進故，深悉何進識智不足以成事，故弗許，其不倚畏豪强，朗然可見。

獻帝初平元年庚午（西元一九〇年）粲十四歲。

二月，董卓迫獻帝西徙長安，粲亦跟著到長安。王粲傳：「獻帝西遷，粲徙長安，左中郎將蔡邕見而奇之。時邕才學顯著，貴重朝廷，常車騎塡巷，賓客盈坐，聞粲在門，倒屣迎之。粲至，年既幼弱，容貌短小，一坐盡驚。邕曰：此王公孫也，有異才，吾不如也，吾家書籍文章盡當與之。」見重提契之情，溢於言表。按王謙以疾免官後，當仍滯留洛陽休養，故董卓移郡，粲亦西徙。後漢書獻帝紀：「初平元年二月丁亥，遷都長安，董卓驅徙京師百姓入關，自留屯畢圭苑……三月乙巳，車駕入長安，幸未央宮，己酉，董卓焚洛陽宮廟及人家。蓋不得不西徙也。

初平四年癸酉（西元一九三年）粲十七歲。

王粲傳：「年十七，司徒辟，詔除黃門侍郎，以西京擾亂，皆不就，乃之荆州依劉表。」按是年爲司徒者乃淳于嘉（嘉自初平三年甲申爲司徒，興平元年九月罷），則淳于嘉辟粲可知。據獻帝記載初平三年五月，董卓部曲李傕、郭汜、樊稠、張濟等反，攻京師，六月戊午，陷長安城，吏民死傷枕藉，朝政亂如麻，粲是以不應辟召。而荆州牧劉表曾從粲祖王暢受學，且荆州在劉表治下，州境清謐，最重要的是劉表好名愛士，獎勵學術，故王粲偕族兄王凱避地荆州。據魏志鍾會傳注引博物記云：「劉表欲以女妻粲，而嫌其形陋而用率，以凱有風貌，乃以妻凱」。又粲傳：「表以粲貌寢而體弱，通脫，不甚重也。」劉表以貌取人，且魏志劉表傳評劉表「外貌儒雅，而心多疑忌」、「有才而不能用，聞善而不能納。」粲之不遇，亦有由也！曹植王仲宣誄云：「翕然鳳舉，遠竄荆蠻潛處蓬室，不干勢權。」可知王粲在荆州並未參贊軍政大計，而僅以工於文章而管書記耳。王粲滯留荆州期間，居於襄陽，御覽卷百八十引襄沔記云：「王粲宅在襄陽，井猶存。」按襄陽爲劉表治荆州之治所。王粲在荆州雖抑鬱不得志，却也因而成就了許多不朽的詩篇。其中最有名的要屬七哀詩及登樓賦了。七哀詩共有三首，其第一首乃往依劉表時，途中所作，詩極沈痛，直如一幅難民圖。第二首當爲將「去荆州，因日暮景物蕭條而哀」（方伯漁）。而登樓賦乃王粲登麥城城樓所作（註二），其寫作時間，當在建安十年以後，以登樓賦中言：「遭紛濁而遷逝兮，漫踰紀以迄今」，越一紀則至少是十二年。從初平四年來荆州後的一紀，其距出荆州之日已爲時不遠，故歷來有以七哀第二首與登樓賦作於同時之說，殆由其內容相似故也。另外，他於建安八年，代劉表擬給袁譚、袁尙二書。又作荆州文學記官志，以顯劉表於荆州起立學校，講定五經之事；三輔論以讚劉表勳德。其餘可考者，有贈蔡子篤詩（子篤名睦，濟陽人，與粲同避亂荆州，還故里，粲爲詩贈之）；贈士孫文始詩（文始名萌，少有才學，年十五，能屬文。董卓之誅，父瑞知王允必敗，京師不可居，乃命萌將家屬至荊州依劉表。去無幾，果爲李傕等所殺。及天子都許昌，追論誅董卓之功，封萌爲澹津亭侯。萌與粲善，當就國，粲作詩贈之。—據李善注引三輔決錄注）；贈文叔良詩（叔良名頴，南陽人，爲荊州從事，揆詩意，似聘蜀結好劉璋，粲爲詩贈之。—李善注引搜神記及繁欽集）。據梁元帝金樓子曰：「王仲宣在荊州著書數十篇，荊州壞，盡焚其書，今在者一篇，知名之士咸重之，見虎一毛，不知其斑。」則王粲在荊州之著述夥矣。又以荊州學風盛，耆儒講論不綴，王粲參與其中，而有尚書問四卷駁難鄭玄云。太平廣記二一八引小說言「張仲景爲良醫，有奇術，王仲宣年十七，時過張仲景，仲景謂之曰：君體有病，宜服五石湯。若不治，年及三十，當眉落。仲宣以其賒遠不治，後至三十，果覺眉落，其精如此。」或誇大張仲景之奇術，然可證仲宣體質羸弱也。

建安十三年戊子（西元二〇八年）粲三十二歲。

是年秋七月，曹操自將征表，未至。八月，表疽發背卒。九月，太祖軍到襄陽，粲等勸劉琮，令歸操，於是琮舉州降，操以琮爲青州刺史，封列侯。至於文士傳所載王粲說琮之辭，裴松之已辨其爲張騭假僞妄作。此曹植王仲宣誄：「我公奮鉞，耀威南楚，荊人或違，陳戎講武，君乃義發，算我師旅，高尚覇功，投身帝宇，斯言既發，謀夫是與。」所指之事也。操入荊州，辟粲爲丞相椽，賜爵關內侯。據王粲傳言：「操置酒漢濱，粲奉觴賀曰：方今袁紹起河北，仗大衆，志兼天下，然好賢而不能用，故奇士去之。劉表雍容荊楚，坐觀時變，自以爲西伯可規（註三），士之避亂荊州者，皆海內之儁傑也，表不知所任，故國危而無輔。明公定冀州之日，下車卽繕其甲卒，收其豪傑而用之，以橫行天下；及平江漢，引其賢儁而置之列位，使海內回心，望風而願治，文武並用，英雄畢力，此三王之舉也。」粲剖析袁紹、劉表失敗，曹操成功之關鍵就在其能否舉賢而任之之上。知王粲對曹操之興復漢室，實寄予厚望，而從其能「引賢儁而置之列位」一點看來，似乎也給王粲的政治前途，帶來了光明的遠景。及操進軍江陵，曾下令荆州吏民，與之更始（武帝紀），粲之投操，即在此年，其所以投操，思奮力以展長才也。況海內鼎沸，民厭亂而思平治，也格外迫切了。民情如此，操乃得以乘時而起。

建安十四年己丑（西元二〇九年）粲三十三歲。

操於赤壁敗後，以吏士多死者，乃引軍還，留曹仁守江陵，樂進守襄陽，粲乃跟著北上。其初征賦即北還中原之作也。從其文：「違世難以迴折兮，超遙集乎蠻楚。逢屯否而底滯兮，忽長幼以羈旅，賴皇華之茂功，清四海之疆宇，超南荆之北境，踐周豫之末畿。野蕭條而騁望，路周達而平夷。春風穆其和暢兮，庶卉煥以敷蕤，行中國之舊壤，實君願之所依。當短景之炎陽，犯隆暑之赫曦，薰風溫溫以增熱，體曄曄其若焚。」則其時當爲春夏間也，滯留荆州十五年，今得以北回中原，心境之奮飛，可想而知。按赤壁操之敗北，意甚不平，其遺孫權書云：「赤壁之役，值有疾病，孤燒船自退，橫使周瑜虛獲此名。」而擧國以「吳國爲我仇」，掀起一片復仇之聲。魏志武帝記云：「十四年春三月，軍至譙，作輕舟，治水軍，秋七月，自渦入淮，出肥水，軍合肥。」曹丕從，作浮淮賦，其序曰：「建安十四年，王師自譙東征，大興水軍，泛舟萬艘，時余從行，始入淮口，行泊東山，覩師徒，觀旌帆，赫哉盛矣，雖孝武盛唐之狩，舳艫千里，殆不過也，乃作斯賦云。」（藝文類聚八）粲亦有浮淮賦，曰：「從王師以南征兮，浮淮水而遐逝。背渦浦之曲流兮，望馬丘之高澨」，則粲亦從行也。另游海賦亦當作於此時。時文士齊集鄴都，以曹氏父子爲集團核心，而粲等六人最見名目。

建安十七年壬辰（西元二一二年）粲三十六歲。

是年阮瑀卒。曹丕作寡婦賦，序曰：「陳留阮元瑜與余有舊，薄命早亡，每感存其遺孤，未嘗不愴然傷心，故作斯賦，以叙其妻子悲苦之情，命王粲等並作之。」王粲寡婦賦：「闔門兮却掃，幽處兮高堂，提孤孩兮出戶，與之步兮東廂，顧左右兮相憐，意悽愴兮摧傷，觀草木以敷榮，感傾葉兮落時，人皆懷兮歡豫，我獨感兮不怡，日晻曖兮不昏，明月皎兮揚輝，坐幽室兮無爲，登空床兮下帷，涕流連兮交頸，心憯結兮增悲。」爲寡婦悲，爲失友而悲，亦以自悲也。他如睹出婦、聞夭殤，莫不悲慨，蓋己身之遭亂不遇，故易於觸景傷情也。冬十月，曹操南征孫權，表請彧勞軍于譙，彧爲操所恨而飲藥卒，北堂書鈔一百三十七引粲爲荀彧與孫權檄，當作於是年。

建安十八年癸巳（西元二一三年）粲三十七歲。

是年夏五月，曹操自立爲魏公，加九錫，秋七月，始建魏社稷宗廟。十一月，初置尚書、侍中、六卿。王粲與杜襲、衛覬、和洽爲侍中（魏志武帝紀注引魏氏春秋）。而據粲傳：「後遷軍謀祭酒，魏國既建，拜侍中」，則粲在拜侍中之前，爲軍謀祭酒也。按軍謀祭酒爲曹操於建安三年置，爲軍事參議幕僚官，大多管記室、軍國書檄之作，王粲、陳琳、阮瑀、路粹、杜夔等都曾爲之。曹植贈王粲詩：「重陰潤萬物，何懼澤不周」，則王粲在歸曹操之後，曾有一段仕途未進的時候。及拜侍中，乃昂眉吐氣矣。或以其爲軍謀祭酒時，表現非凡，頗得操之賞識，在操「引賢儁置列位」之政策下得登榮位。曹植王仲宣誄：「乃署祭酒，與君行止，算無遺策，畫無失理」，於是在曹操建國後，顯舉他，此誄文中言：「我王建國，百司儁乂，君以顯舉，秉機省闥，戴蟬珥貂，朱衣皓帶，入侍帷幄，出擁華蓋，榮耀當世」之所指也。然於四位侍中之中，王粲見敬的程度則不及杜襲、和洽。魏志杜襲傳：「魏國既建，爲侍中，與王粲和洽並用，粲彊識博聞，故太祖游觀出入，多得驂乘，至其見敬，不及洽、襲。襲嘗獨見，至於夜半，粲性燥競，起坐曰：不知公對杜襲道何等也？洽笑答曰：天下事豈有盡邪？卿晝侍可矣，悒悒於此，欲兼之乎？」則操之重視王粲者在其博物多識，問無不對也。王粲傳：「時舊儀廢弛，興造制度，粲恒典之。」按魏朝儀爵制，由劉邵綜其事、王粲典領之，是以劉有爵制（續漢書百官志五、劉昭注引之）、王粲有爵論之作。又摯虞決疑要注曰：「漢末喪亂，絕無玉珮，魏侍中王粲識舊珮，始復作之，今之玉珮，受法於粲也。」是粲於魏典制之創作，建樹斐然。另據晉書樂志云：「王粲等各造新詩，抽其藻思，吟咏神靈，贊揚來饗」、「（巴渝）舞曲有矛渝本歌曲，安弩渝本歌曲，安台本歌曲，行辭本歌曲總四篇，其辭既古，莫能曉其句度。魏初，乃使軍謀祭酒王粲改制其辭。粲問巴渝帥李管種玉歌曲意，試使歌，聽之，以考校歌曲，而爲之改爲矛渝新福歌曲、弩渝新福歌曲、安台新福歌曲、行辭新福歌曲，以述魏德」，諸歌辭今存樂府詩集。則王粲曉聲知律，能制作新樂府歌辭。而喪亂之後，制度崩壞，賴粲等乃得復興之。另御覽五百五十九引異苑曰：「魏武北征蹋頓，升嶺眺矚，見一岡，不生百草。王粲曰：必是古冢，此人在世，服生礜石，死而石性熱蒸出外，致卉木焦滅。命即鑿之，果得大墓，有礜石滿塋。」此段敘述，顯爲附會之言，蓋曹操征蹋頓，爲建安十二年，時粲仍在荆州，何得隨操北行耶？然粲之博物多識，殆爲不爭之事實。粲才高機敏，故朝廷奏議，卒由王粲操觚，鍾繇、王朗等雖各爲魏卿相，皆擱筆不能措手（粲傳注引典略）。及魏立宗廟，令粲作太廟頌，以享其先祖，名曰顯廟頌，後人更爲太廟頌，可知王粲實一時之大手筆也。然而王粲同於曹植，皆不以「翰墨爲勳績，辭賦爲君子」，而亟思建業立功者，是仍未可言爲得志也。

建安二十年乙未（西元二一五年）粲三十九歲。

是年三月，曹操征張魯，七月，取漢中，十一月，張魯降，十二月操自南鄭還，曹植贈丁儀王粲詩：「從軍度函谷，驅馬過西京，山岑高無極，涇渭揚濁清，壯哉帝王居，佳麗殊百城」即此事也。是行也，侍中王粲作五言詩以美其事。（魏志武帝紀注）按王粲從軍詩有五首，其第一首云：「相公征關右，赫怒震天威……西收邊地賊，忽若俯拾遺。」即從征漢中之作。七哀詩第三首：「邊城使心悲」當作於此時（據古文苑）。又曹丕柳賦序云：「昔建安五年，上與袁紹戰於官渡時，余始植斯柳，自彼迄今，十有五載矣，感物傷懷，乃作斯賦。」按建安五年後十有五年，則爲建安二十年，粲柳賦：「昔我君之定武，致天屆而徂征，元子從而撫軍，植佳木于茲庭，歷春秋以踰紀，行復出於斯鄉，覽茲樹之豐茂，紛旖旎以修長……人情感於舊物，心惆悵以增慮……。」元子即指丕也。當時作柳賦者尚有應瑒、陳琳。又魏文帝槐賦序：「文昌殿中槐樹盛暑之時，余數遊其下，美而賦之，王粲直登賢門小閣外，亦有槐樹，乃就使賦。」故王粲、曹植槐賦之作，想亦作於此時。

建安二十一年丙申（西元二一六年）粲四十粲。

是年夏五月，天子進公爵爲魏王。冬十月，遂征孫權，十一月至譙。王粲傳云：「建安二十一年，從征吳」，其從軍詩第二首云：「我君順時發，桓桓東南征」；第三首云：「從軍征遐路，討彼東南夷」；第四首：「朝發鄴都橋，暮濟白馬津……率彼東南路，將定一舉勳」；第五首：「朝入譙郡界，曠然消人憂」，此皆爲南征時隨行而作，而此行也，他懷抱著「甘心赴國憂」之心，從其「棄余親睦恩，輸力竭忠貞，懼無一夫用，報我素餐誠」、「身服干戈事，豈得念所私，即戎有授命，兹理不可違」、「恨我無時謀，譬諸具官臣，鞠躬中堅內，微畫無所陳……我有素餐責，誠愧伐檀人，雖無鉛刀用，庶幾奮薄身。」大有鞠躬盡瘁之志，然也有力不從心的感覺。王仲宣誄云：「嗟彼東夷，憑江阻湖，騷擾邊境，勞我師徒，光光戎輅，霆駭風徂，君侍華轂，輝輝王塗，思榮懷附，望彼來威」，即詠此行也。又作吊夷齊文，文學年表以神女賦、刀銘亦作於此年。同時作神女賦者尚有陳琳、應瑒。

建安二十二年丁酉（西元二一七年）粲四十一歲。

王粲本傳：「二十二年春，道病卒，時年四十一。」曹植王仲宣誄：「唯建安二十二年正月二十四日戊申，魏故侍中關內侯王君卒」，則粲死於該年正月二十四日。此役王粲本欲奮身立功，竟一病而不起。所謂「寢疾彌留，吉往凶歸」者也，後歸葬故鄉。寰宇記卷十四：「王粲墓在濟州任城縣南五十二里。」世說新語傷逝篇第一：「王仲宣好驢鳴，既葬，文帝臨其喪，顧語同游曰：王好驢鳴，可各作一聲以送之，赴客皆一作驢鳴。」曹丕以太子臨喪，其敬禮可知。曹植且作誄文：「吾與夫子，義貫丹青，好和琴瑟，分過友生，庶幾年年，携手同征，如何奄忽，棄我夙零，感昔宴會，志各高厲……」則植與粲的關係必甚投契，以同具才華，性皆仁愛，故惺惺相惜。張溥王仲宣集題辭云：「子桓、子建交怨若仇，仲宣婉孌其間，耦俱無猜，身沒之後，太子臨喪，陳思作誄，素旗表德，頌言不忘，彼固善處人骨肉，亦由其天性宿深，長於感激，不但和光宴詠，爲兩公子樓護也。」是仲宣仁厚可知。按建安二十二年，大疫，「家家有僵尸之痛，室室有號泣之哀」（曹植說疫氣），曹丕與吳質書：「昔年疾疫，親故多罹其災，徐陳應劉，一時俱逝，痛可言邪？」此未及王粲，然王粲以是年死，或亦染疫疾也。又王粲傳云：「粲二子，爲魏諷所引，誅，後絕。」按建安二十四年，魏諷反，時曹操征漢中，聞粲子死，歎曰：「孤若在，不使仲宣無後」（王粲注引文章志），深致婉惜之情。後來曹丕以粲族兄凱之子業嗣粲（鍾會傳注引魏氏春秋），業即劉表外孫，後位至謁者僕射，業長子宏，爲司隸校尉，次子弼，即注周易與老子者。下附王粲著述考：

王粲本傳言：「善屬文，舉筆便成，無所改定，時人常以爲宿構，然正復精意覃思，亦不能加也。」以其具有「思若泉涌，下筆成篇」之才，想作品必多。然如梁元帝金樓子所載仲宣將荊州所著書數十篇，盡皆焚去，其所毀之書，當爲足成「一家言」之作。曹植言「仲宣獨步於漢南」，必非數篇詩賦足以成事，今僅就史志考訂之：

㈠經：

尚書釋問四卷

隋志：尚書釋問，魏侍中王粲撰。困學紀聞卷二云：「顏氏家訓云：王粲集中難鄭玄尚書事，今僅見於唐元行沖釋疑。」原注：「王粲曰：世稱伊洛以東，淮漢以北，康成一人而已。咸言先儒多闕，鄭氏道備，粲竊嗟怏，因求所學，得尚書注，退思其意，意皆盡矣。所疑猶未諭焉，凡有二篇。」

㈡史：

漢末英雄記十卷

隋志：漢末英雄記八卷　王粲撰，殘缺，梁有十卷。姚振宗隋書經籍志考證云：「郡國志會稽郡注引英雄交爭記言初平三年事，似即此書本名英雄交爭記，後人省交爭字，加漢末字，又其中不盡王粲之作，故舊唐志題王粲等撰。」按今存漢末英雄記一卷，乃明王世貞雜鈔諸書成之，凡四十四人，大抵取於裴松之三國志注爲多，而疏漏舛誤者亦復不少。

魏朝儀

王粲本傳：「魏國旣建，拜侍中……時舊儀廢弛，興造制度，粲恆典之。」

荆州文學官志

藝文類聚三十八學校：魏王粲荆州文學記官志。

㈢子：

算術略

王粲傳：性善算，作算術略，盡其理。

去伐論集三卷

舊唐志儒家類：去伐論集三卷　王粲撰

文心雕龍論說：仲宣之去伐，叔夜之辨聲……並師心獨見，鋒穎精密，蓋論之英也。

新撰陰陽書三十卷

舊唐志五行類：新撰陰陽書三十卷　王粲撰。

新唐志新撰陰陽書三十卷　王璨撰

（按新、舊唐志粲字異體，是否卽王粲待考）

魏國登歌、魏國安世歌、魏國俞兒舞歌四篇（矛俞新福歌，弩俞新福歌，安台新福歌，行辭新福歌）

宋書樂志：「魏武挾天子而令諸侯……及削平劉表，始獲杜夔，揚鞞摠干，式遵前記。……聲歌雖有損益，愛玩在乎雕章。是以王粲等各造新詩，抽其藻思，吟咏神靈，贊揚來饗。」又：「（巴渝）舞曲……其辭既古，莫能曉其度。魏初，乃使軍謀祭酒王粲改創其辭。粲問巴渝帥李管種玉歌曲意，試使歌，聽之，以考校歌曲，而爲之改爲矛渝新福歌曲，弩渝新福歌曲，安台新福歌曲，行辭新福歌曲，以述魏德。」

(四)集：

王粲集十一卷

隋志：後漢侍中王粲集十一卷。新舊唐志：王粲集十卷。本傳：著詩賦論議垂六十篇。摯虞文章流別云：「王粲所與蔡子篤、文叔良、士孫文始、楊德祖及爲潘文則作思親詩，其文當而整，近乎雅矣。」今贈楊脩詩已亡佚。魏志曰：「建安二十年三月，公西征張魯，魯及五子降，十二月至自南鄭，是行也，王粲作五言詩以美其事。」按從軍詩樂府作從軍行，第一首爲征張魯時作，以下四首，爲建安二十二年，粲從曹公征吳作也。七哀起於漢末，爲樂曲之一也。王粲於獻帝初平三年依劉表，是年李傕、郭汜……陷長安，吏民死者萬餘，黃琬、王允被族滅，京師混亂，粲往荊州途中作七哀詩。文帝叙詩曰：「爲太子時，北園及東閤講堂竝賦詩，命王粲、劉楨、阮瑀、應瑒等同作。」公讌詩爲侍曹操遊讌之作。王闓運八代詩選眉批：「王粲公讌詩，寬和，氣皆朴厚。」曹植七啓序：「并命王粲作焉」，則粲當有是作，文佚不可考。摯虞文章流別論：「…後世以來，器銘之佳者，有王莽鼎銘、崔瑗機銘、朱公叔鼎銘、王粲硯銘，咸以表顯功德。」（太平御覽卷五百九十引）王侍中集太廟頌三首注：操爲魏公加九錫，始立宗廟，令粲作此頌以享其先，始名顯廟頌，後更今名（按此殆仿周頌而作）。又刀銘序：「奉命作刀銘，及示以其敍。」文心雕龍雜文：「仲宣七釋，致辨於事理。」又哀弔：「仲宣所制，譏呵實工。」（按粲有弔夷齊文）又論說：「傳嘏、王粲，校練名理。」又魏志粲傳引典略：「粲才既高，辯論應機」，據藝文類聚所引粲文有難鍾荀太平論、安身論、務本論。曹丕典論論文：王粲長於辭賦……如粲之初征、登樓、槐賦、征思……雖張蔡不過也。又曹丕槐賦序：文昌殿中槐樹，盛暑之時，余數遊其下，美而賦之，王粲直登賢門小閣外，亦有槐樹，乃就使賦。魏文帝集瑪瑙勒賦序：瑪瑙，玉屬也……余有斯勒，美而賦之，命陳琳、王粲並作。曹丕寡婦序曰：「陳留阮元瑜與余有舊，薄命早亡，每感存其遺孤，未嘗不愴然傷心，故作斯賦以叙其妻子悲苦之情，命王粲等並作之。」曹丕浮淮賦序：「建安十四年，王師自譙東征，始入淮口……乃作斯賦云。」粲亦有浮淮賦，是亦從行而作。嚴可均全三國文錄存：大暑賦、游海賦、浮淮賦、閑邪賦、出婦賦、傷夭賦、思友賦、寡婦賦、初征賦、登樓賦、羽獵賦、酒賦、神女賦、投壺、圍碁、迷迭、車渠椀、柳、白鶴、鶡、鸚鵡、鶯等賦。又詠史詩、雜詩四首、正考父贊、反金人贊、倣連珠、蕤賓鐘銘、无射鐘銘、硯銘、刀銘。

第二節　鄭光祖王粲登樓雜劇糾謬

元雜劇中有一類仕隱劇，或寫發跡變泰，或爲遷謫放逐，或爲隱居樂道。此乃士生亂世，落魄無聊，故假借古人古事，以抒發自身懷才不遇之憤慨，而自求解脫超越。揆其心理，乃困於時勢，雖力求仕進而不得，由之反激爲憤世嫉俗，並假借題目以寄懷抱。今元劇中，有鄭光祖作的「醉思鄉王粲登樓」一劇，即此類也。按此劇明陳與郊編古名家雜劇正目題爲：「窮書生一生綢繆，望中原有國難投，薦賢士蔡邕背稿，醉思鄉王粲登樓」由此正目，已能窺其劇情矣。今觀其第一折云：

那吒令：「我怎肯空隱在嚴子陵釣灘，我怎肯甘老在班定遠玉關。我則待大走上韓元帥將壇。我雖貧呵樂有餘，便賤呵非無憚，可難道脫不的二字饑寒。

鵲踏枝：赤緊的世途難。主人慳。那裡也握髮周公，下榻陳蕃。這世裡，凍餓死閉居的范丹，哎天呵！兀的不憂愁殺高臥袁安。

懷才不遇之憤慨，窮士萬古之愁，皆躍然紙上。按此劇寫蔡邕激勵王粲，使成功名，而以粲往荊州依劉表，登麥城城樓之事點染其間，其略云王粲先父王默，爲太常博士，母李氏躬見教養，粲天資頴異，學成滿腹文章，却恃才傲物。先是丞相蔡邕與粲父有舊，曾指腹爲婚，邕生女名桂花，今已成人，乃數次將書邀粲來京師，其母亦强迫他就道。旅途困阨，託身無所。及見邕，邕設酒以迎，席次，睹王粲果然驕傲不遜，乃侮慢之，俾挫其銳氣，涵養其志量，粲終憤而辭去，邕密遣曹植齎送盤纏，且託名曹植，具修薦函，令投荊州劉表。此實蔡邕苦心，故意不使粲知，以砥礪其志氣者。及見劉表，表以粲貌寢孤傲，又聽信蒯越蔡瑁讒言，未予重用，遂失意於荊楚間。時有許達字安道者，建一樓名曰溪山風月，左擁鹿門山，右旁金沙泉，前對淸風霽嶺，後靠明月雲峯，靠祖蔭得悠遊過日，與王粲頗爲相得，常會飲此樓。一日，粲登樓而思及老母、鄉關，竟涕下如雨，忽有輕生之念頭，賴許達之勸勉而止。酣飲間，聖旨宣粲爲天下兵馬大元帥，兼管左丞相事。蓋天子見粲所上萬言長策，嘉其才華，而破格拔取，却不知此策乃蔡邕設法代進者。及粲上京赴任，邕與植把杯迎賀，粲懷舊恨，更不與邕爲禮，侮慢備至。逮植具道始末，粲乃恍然大悟，感邕之德，終與邕女結花燭，慶團圓也。

按漢末京城爲賊所破，王粲以名公之後，逃難到荊州依劉表，表以貌取人，將女兒嫁給同來投奔的族兄王凱，這對王粲必是個很大的打擊。而表僅以文學從事待之，這對一個胸懷大志，一身傲骨的人，實在是難以忍受的。鄭光祖據史傳言蔡邕格外賞識王粲，又陳思與王粲交情好的關係，而引爲關目，至於蔡邕之時代不與曹植相值，殆未及顧也。讀王粲登樓，證以史傳所載，其出入之處計有：按魏志王粲傳云：

王粲，字仲宣，山陽高平人也。曾祖父龔，祖父暢，皆爲漢三公。父謙，爲大將軍何進長史，進以謙名公之胄，欲與爲婚，見其二子使擇焉，謙勿許，以疾免，卒於家。

而此劇言粲父默，爲太常博士，卒於官，皆與傳不合。同時想與王粲結通家之好的是何進，而非蔡邕。粲傳又云：

獻帝西遷，粲徙長安，左中郎將蔡邕見而奇之。時邕才學顯著，貴重朝廷，常車騎塡巷，賓客盈坐，聞粲在門，倒屣迎之。粲至，年旣幼弱，容狀短小，一坐盡驚，邕曰：「此王公孫也，有異才，吾不如也，吾家書籍文章，盡當與之。」

蔡邕十分禮待之，固未嘗於酒行之際，三番折慢之。且劇中言邕與粲父指腹爲婚，更爲無稽：按蔡邕有女文姬嫁董祀，另一卽羊祜之母。邕之二女俱與粲無涉也。又云：

年十七，司徒辟，詔除黃門侍郎，以西京擾亂皆不就，乃之荆州依劉表。

時司徒淳于嘉辟之爲黃門侍郎，不就，以劉表曾受學於粲祖王暢，故往依之，實非蔡邕之薦。而京城殘破，亦不得不往較富庶安定之荆州也。又酈道元水經注考王粲所登者爲麥城城樓，非許達之清風明月樓也。至於其不被表所重，據史傳載爲粲貌寢、體弱通脫之故。及表卒，粲勸劉琮歸曹操。操辟爲丞相掾，賜爵關內侯，而此劇則謂王粲之封，殆上萬言策，經蔡邕代爲進呈、鼓吹，乃召授爲天下兵馬大元帥，職別之差，殆不可以道理計。是戲文乃隨意點染，實無史實根據也。

第三節　王粲與荊州學術

漢末天下大亂，關中膏腴之地，遭到刼掠，人民四處逃亡，其中流入荊州者，有十餘萬家（據魏志衛覬傳），中原人士視荊州爲「託庇所」。以荊州一方面佔盡了地利：「北據漢沔，利盡南海，東連吳會，西通巴蜀，南達交廣」（諸葛亮之言），地理位置綰轂四方，交通極爲便利；且地方數千里，經濟條件亦極優越。一方面又佔了人和；以劉表鎭荊州，威懷兼施，萬里肅清，遠近悅服。劉表本身是漢末清流名士，以能導人追宗，故名列八及之一。且好名愛士，對於來投奔他的，都得到安慰賑贍，荊州在他的治下，州境清謐，人民豐榮。資治通鑑獻帝建安元年紀云：

劉表愛民養士，從容自保，境內無事，關西、兗、豫學士歸之者以千數。

由於荊州物阜民殷，人文薈萃，經劉表之宏獎，學術發達一時。魏志裴注引英雄記云：「州界群寇既盡，表乃開立學宮，博求儒士」，於是百家躍然興起，一片蓬勃氣象。王粲荊州文學記官志曰：

乃命五業從事宋忠，所作文學，延朋徒焉。宣德音以贊之，降佳禮以勸之，五載之間，道化大行，耆德故老綦毋闓等負書荷器，自遠而至者三百餘人。

從上列引文，可知中原流亡到荊州者有十萬餘家，學士歸之者以千數，而名重當時的耆德碩儒由遠道而至的，也有三百多人。這些人都是帶動荊州學術發達的主力，彬彬之盛，實罕與倫比。祇因爲漢末喪亂，經學荒廢，庠序失修，及獻帝都許，曹氏掌權，仍以專務征戰之故，未遑注意教化之本的學術，雖荀彧曾勸曹操「宜集天下大才通儒，考論六經，刊定傳記，存古今之學，除其煩重，以一聖眞」（荀彧傳注引或別傳）然操並未從其言。今劉表於干戈之際，獨自關心學術，那股「述先聖之元意，整百家之不齊」的精神，實在令人敬佩。故劉表雖無霸王之才，却有著述之美。惠棟後漢書補注劉表傳下引鎮南碑云：

> 武功既亢，廣開雍泮，設俎豆，陳罍彝，親行鄉射，躋彼公堂，篤志好學，吏子弟受祿之徒，蓋以千計，洪生巨儒，朝夕講誨，誾誾如也。雖洙泗之間，學者所集，方之蔑如也。君深愍末學，遠本離直，乃令諸儒改定五經章句，删剗浮辭，芟除煩重，贊之者用力少，而探微知機者多。又求遺書，寫還新者，留其故本，於是古典墳集，充滿州閭。

由這段碑文，知劉表對學術的貢獻，可說是千古不滅。而歸納可得下列數端：㈠廣求遺書，並令人抄寫，以恢復舊籍，普遍學術。㈡學者辯論經義，刋定字句，講學之風鼎盛。㈢漢代章句末流，「務碎義逃難，便辭巧說，破壞形體，說五字之文，至於二三萬言」（漢志六藝略），而荊州删剗煩蕪，使人能探微知機，而得義理之本。

當時來荊州的學者，除王粲外，可考知的有經學家宋忠、綦毋闓；文字學家邯鄲淳；黃老家劉先；名法家劉廙，他如李譔、尹默、和洽、杜襲、裴潛、潘濬、趙岐、趙戩、趙儼、司馬芝、司馬徽、孫嵩、王凱、賈詡、張繡、禰衡……等，名流蝟集，講論不綴，在這種自由的學風下，每易於孕育新思潮。荊州文學記官志云：

> 遂訓六經，講禮物，諧八音，協律呂，修紀曆，理刑法，六路咸秩，百氏備矣。

劉表本身並無遠志，在各路英雄競起之時，祗想西伯自處，而他自己也是個經學家，曾著周易章句五卷，新定禮一卷，在他的領導下，由宋衷主持，重新對經學加以研議、整理與改定，其成果即「五經章句後定」；他又命故雅樂郎河南杜夔作雅樂，使經定樂諧，曆修刑理，學術粲然可觀。

以上明荊州學之大觀，次考荊州學之精神及其內容：據李譔傳言：「李譔與同縣尹默俱遊荊州，從司馬徽、宋衷等學，譔具傳其業，又從默講論義理，五經、諸子，無不該覽。」尹默傳：「遠游荊州，從司馬德操、宋仲子受古學，通諸經史，專精左氏春秋。」則除經學外，荊州學於子史亦同時講論之。且荊州學之中堅人物宋衷以易注十卷、太玄經注九卷爲天下所重，學生如李譔著太玄指歸，其學「異於鄭玄」；又王肅從讀太玄，而「更爲之解」，亦「善賈馬之學，而不好鄭氏」，則荊州學必於鄭學「有所不愜，故益加刪落，以求義理之本」也（余英時漢晉之際士之新自覺與新思潮）。按後漢書鄭玄傳，范曄論曰：

> 漢興諸儒頗修文藝，及東京學者亦各名家，而守文之徒，滯固所稟，遂令經有數家，家有數說，章句多者，或乃百餘萬言，學徒勞而少功，後生疑而莫正，鄭玄括囊大典，網羅衆家，刪裁繁誣，刊改漏失，自是學者略知所歸。

則鄭玄刪裁繁蕪，爲章句之反動，而刪裁未盡，仍未能滿足當時追求玄理的需要，必再經荊州學之「刪剗浮辭，芟除繁重」之再簡化運動，而後乃得義理之本。是荊州學既以「刪剗浮辭，芟除煩重」爲其精神，故不得不對鄭學偶像，施以打擊，並自張新幟。上列諸人毋論矣，即王粲亦以尙書難鄭玄，他因嗟怪於鄭氏道備之說，因求所學，得尙書注，反覆思省，以盡其意，其有疑而未明者，都爲二篇。唐藝文志云：「王粲問，田瓊、韓益正。」田瓊爲康成弟子，魏時曾爲博士，則或因王仲宣與康成之說舛異，康成弟子執師說以駁正之也。由於荊州學者對易與太玄的新注新解，使學風丕變，其啓導魏晉玄理，必大有關係，而王粲滯留荊州十五年，仕途並未得意，然他亦兼通經學，且辯論應機，其安身論云：「無私莫深乎寡欲」「憂患之接，必生於自私，而興於有欲。自私者，不能成其私，有欲者，不能濟其欲，理之至也」；文學官志中言「易惟談天，入神致用，故繫稱旨遠辭文，言中事隱，韋編三絕，固哲人之驪淵也。」是王粲特能抉原探理者，今又與大儒終日講論，從容消化，刮垢磨光，則必時出新義。既然荊州學之中心人物劉表、宋衷、王粲皆於易有新解，故天才卓出、通辯能言的王弼一出，秉承家學，機辯無礙，以是注易掃象，善於言理。此不憚其煩的陳述荊州學術，蓋有以見大暢玄風之王弼的思想淵源也。焦循周易補疏敘中言：

> 東漢末以易學名家者稱荀、劉、馬、鄭，荀謂慈明爽，劉謂景升表。表之學受於王暢，暢爲粲之祖父，與表皆山陽高平人。粲族兄凱爲劉表女婿，凱生業，業生二子：長宏次弼。粲二子既誅，使業爲粲嗣，然則王弼者，劉表之外曾孫，而王粲之嗣孫，卽暢之嗣玄孫也。弼之學蓋淵源於劉，而實根本於暢。宏字正宗，亦撰易義，王氏兄弟皆以易名，可知其所受者遠矣。

則王弼的學術淵源爲王暢、劉表與王粲。而表與粲皆荊州學之中心人物，弼之家學淵源可謂深且遠矣。且漢末大儒蔡邕有書近萬卷，末年載數車與粲，粲亡後，二子又被牽連受刑，邕所與書乃悉入業，業卽弼之父，故弼之博覽閎通，實其來有自。湯用彤云：「王弼之家學，上溯荊州」，爲明王弼之學，須明王粲與荊州學之關係，而由之亦可見荊州學術對三國魏晉學術之影響有多深遠。

第四節　王粲之際遇、政治立場與心路歷程

亂世中的知識份子，除了現實環境與其崇高的理想日做交戰，而帶給他精神上無比的威脅和超乎尋常的痛苦外，「擇君而事」，也是一樁不容易的事情。如王粲以一個王公之孫，先世爲足以激濁揚清的

名流，所以，他對整個世局也格外的敏感，他在深入了解政治、社會的問題後，產生一種甘心赴國憂的使命感，他毅然以一身繫天下安危，積極的想輔佐神武之主，以解生民於倒懸。他深深的感覺到政治的腐敗，殆由人謀不臧，豺狼當道，如許邵所歎：「時無英雄，使豎子成名。」他之企望平治，自然就比別人來得激切了。那麼杜襲傳稱「粲性躁競」；文心說「仲宣輕脫以躁競」、「率躁」，皆當做對仕進之激切解。由登樓賦中言：「冀王道之一平兮，假高衢而騁力」可覘其心迹。然而，他於投靠劉表期間，劉表僅以文學從事待之，以「貌寢而體弱，通脫」，不甚重視他。使原本想有一番作爲的他，徒歎日月之逾邁耳。所以他在荊州，所事非主，以表祇想西伯自處，不求進取，平治的希望，已是渺無可極，「懼匏瓜之徒懸兮，畏井渫之莫食」，年歲之蹉跎，抱負之無從付之實現，困境既無法打開，心裡的鬱結自然難以化解。以是失志落魄的情緒，和著寄人籬下的悲哀，都混到鄉思離愁中，一齊交結於胸臆，揮之不去。他的哀苦，又豈是旁觀事外者所得會也。又從他爲劉表代擬的給袁尙、袁譚二書裡，力勸袁氏兄弟捐前忿，思舊情，同心對付曹操，以雪先公之恨才對，閱牆之爭，乃自取敗亡，但袁氏終不聽而被各個擊破，世局愈不可爲，祇得投靠曹操了！曹操之愛才任才，實予懷才不遇者莫大的誘惑，而當時天下大勢已明，雖主浮沈早成定局，曹操能引賢俊而置之列位，給他很好的印象，他以爲從此可以一展長才了！從勸劉琮降操，又操入荊州擧行的慶功宴上，王粲奉觴進賀之言：「方今袁紹起河北，仗大衆，然好賢而不能用，故奇士去之；劉表雍容荊楚，坐觀時變，自以爲西伯可規，士之避亂荊州者，皆海內之俊傑也，表不知所任，故國危而無輔。明公定冀州之日，下車卽繕其甲卒，收其豪傑而用之，以橫行天下。及平江漢，引其賢儁而置之列位，使海內同心，望風而願治，文武並用，英雄畢力，此三王之擧也。」可窺王粲對曹操之寄望有多深厚、有多殷切了！但是，雖然他將匡復的責任，寄望曹操來主持，卻也祇願曹操扮演周公輔政的角色。從其公讌詩：「願我賢主人，與天享巍巍，克符周公業，奕世不可追」，可見其旨。其實，當時一般名士及政治、社會的普遍觀感與希望，亦莫不認為曹操應扮演周公的角色，也就是攝政以定天下，終還政以安漢室，使得以維繫漢室大一統、結束紛亂的局面。曹操處在這種情勢下，甚且自覺身心都在危險與恐怖之中，乃不得不抑斂而從衆，並且三番兩次的表明心跡，如建安十五年十二月，操下令道：

> 設使國家無有孤，不知當幾人稱帝，幾人稱王，或者人見孤強盛，又性不信天命之事，恐私心相評，言有不遜之志，妄相忖度，每用耿耿。

又云：

> 齊桓晉文所以垂稱至今日者，以其兵勢廣大，猶能奉事周室也。論語云：三分天下有其二，以服事殷，周之德可謂至德矣夫，能以大事小也。昔樂毅走趙，趙王欲與之圖燕，樂毅伏而垂泣，對曰：臣事昭王，猶事大王，臣若獲戾，放在他國，沒世然後已，不忍謀趙之徒隸，況燕後嗣乎？胡亥之殺蒙恬也，恬曰：自吾先人及至子孫，積信於秦三世矣，今臣將兵三十餘萬，其勢足以背叛，然自知必死而守義者，不敢辱先人之教以忘先王也。孤每讀此二人書，未嘗不愴然流涕也。……此言皆肝鬲之要也，所以勤勤懇懇叙心腹者，見周公有金縢之書以自明，恐人不信之故。

當時大局是漢獻帝已失州郡之支持擁護，使得以制衡曹操之權勢者，但在廟堂之上，卻有世族名士之社會聲望與政治影響力之聲援，如孔融、荀彧、楊修等，操處此環境，知之甚稔，乃一面藉端殺戮阻礙他的反對派，也就是對漢室的支持者，施以恐怖與壓力，令其懾服。讀崔琰傳：「初太祖性忌，有所不堪者，魯國孔融，南陽許攸、婁圭，皆以恃舊不虔，見誅。」其摧抑士族可見一斑；一方面他又積極籠絡世族名士，所謂「設天網以賅之，頓八紘以掩之」，以爲己用，王粲等就在「投網引潛魚，强弩下高飛」（王粲雜詩）軟硬兼施之下屈服了。在曹操之幕府中，才智之士雲集，粲以名公之胄，雖見敬禮，然先任爲軍謀祭酒，也祇是管記室及軍國書檄而已！這離其想望，是有一段距離的，到底王粲是個才華橫溢的人，他對自己的能力，也有相當的自信，在應詔時，「辯論應機」「穎出而才果」，在談玄辯理時，又校練捷密，使對方無所乘。至於文思之速，更是有名，所謂「文若春華，思若湧泉，發言可詠，下筆成篇」，筆如宿構，其超人文才，直可與子建比肩。據史載王粲與人共行，讀道邊碑，人問曰：「卿能闇誦乎？」曰：「能！」因使背而誦之，不失一字。觀人圍棊，局壞，粲爲覆之。棊者不信，以帕蓋局，使更以他局爲之，因相比較，不誤一道。（三國志王粲傳）其强記默識，可謂鉅細靡遺。又精算術，應變無差，這些都足見王粲具有令人倒屣以迎的本事。後來他被拜爲侍中，典制度，不能說與博物多識無關。然也因其鋒芒太露，且對政治表現過分的熱衷，反使曹操私下疑忌他，與他有了距離，顏之推顏氏家訓云：「王粲率躁見嫌」，其見嫌竟以率躁，其間消息可知，故雖與和洽、杜襲同拜侍中，見敬的程度却不如洽、襲，其非操之心腹可知。而操之未委以重任，一方面因有所嫉忌，一方面也因政治立場不協也。從曹植贈王粲詩：「誰令君多念，自使懷百憂」句，知王粲在歸曹後，亦非得志也。他在許多詩篇中，有著與曹植相同之責躬、自試之意，如七釋：「有以棲林隱谷之夫，逸迹放言之士，鑒乎有道，貧賤是恥。」從軍詩：「竊慕負鼎翁，願厲朽鈍姿，不能效沮溺，相隨把鋤犂。」又「棄余親睦恩，輸力竭忠貞，懼無一夫用，報我素餐誠。」、「恨我無時謀，譬諸具官臣，鞠躬中堅內，微畫無所陳……我有素餐責，誠愧伐檀人，雖無鉛刀用，庶幾奮薄身」，他之亟想奮身報主，正說明其不得志之隱衷也。其從軍詩第五首：「朝入譙郡界，曠然消人憂，鷄鳴達四境，黍稷盈原疇，館宅充鄽里，士女滿莊道，自非聖人國，誰能享斯休，詩人美樂土，雖客亦願留。」、「願及春陽會，交頸遘殷勤」，雖近乎誦德，卻可窺出他除了盼望宇內清平，假借帝王恩治任才，得馳騁智力，以爲輔弼的心思外，同時也藉以掩飾曹操耳目，免被懷疑。因爲，在那個時代裡，即使有著剛大方直之氣，折於凶虐之餘，也不能不圖全身之計也。我們都知道在黨錮之禍前，士大夫尚具有以天下爲己任的意識，其努力以赴者在如何維繫漢代一統之局於不墜，自此以後，他們已知「大樹將顚，非一繩所繫」了，於是退而保身家之安全，頂多在詩文中，隱約託辭，藉端興諷耳，如王粲詠史詩，即託諷黃鳥，而實斥曹操之殺害賢士也。至於其游於曹氏兄弟間，殆非爲換取一己之榮華作計，雜詩之四：「遭遇風雲會，託身鸞鳳間，天姿既否戾，受性又不閑，邂逅見逼迫，俯仰不得言。」不得言之苦，以所志不在此也。且子桓、子建交怨若仇，站在那一邊都不討好，但王粲竟能周旋停當，其所付出之心血，不可不謂大矣。夫良禽擇木而居，君子擇主而事，王粲誠仁人也，以其善處人骨肉，不偏不阿，豈躁率不律之流可比。故其身沒之後，曹丕臨喪，陳思作誄，豈偶然哉？而終其一生，以強烈之政治事功未克實現而懷憾抱恨，黃蘖苦心，待善讀者之體會。然也因其生活抑鬱，乃有其辭章之成就，此又可告慰者。

第五節　王粲之政治思想

王粲位至侍中，雖未握有實權，然以恆典魏制度之興造，對於治道頗爲注意，故發爲言論，語多可採，且針對時弊，頗有灼見。觀其政治主張，每參名法，茲舉犖犖大端如下：

(一) 勸農耕

漢季戰亂頻仍，壯者從軍，擔誤農時，且旱蝗爲災，黎民阻飢，路有餓莩，野有死屍。故治國先足食，欲足食須先勸農。故爲政之首要，在務農本。王粲務本論云：

古者之理國也，以本爲務，八政之於民也，以食爲首，是以黎民時雍，降福孔嘉也。故仰伺星辰以審其時，俯耕藉田以率其力，封祀農稷以神其事，祈穀報年，以寵其功，設農師以監之，置田畯以董之，黍稷茂則喜而受賞，田不墾則怒而加罰，都不得有游民，室不得有懸耜，野積踰冬。

並且主張以力農與否爲賞罰之根據，將闢田之多寡，列爲地方官吏之考績項目。務本論又云：

議其老幼，度其遠近，種有常時，耘有常節，收有常期，此賞罰之本也。種不當時，耘不及節，收不應期者，必加其罰，苗實踰等，必加其賞也，農益地辟，則吏受大賞也，農損地狹，則吏受重罰也。

農爲國本，尤其在亂世生民塗炭之時，濟活之資，端賴於此，憂國之士，固以人民之生計爲重也。

(二) 愼刑罰

堯舜之盛世，仍不免有凶頑，蓋智愚並存，賢奸同在，故雖在太平之治，而刑罰未嘗一世而乏，何況衰亂之時，欲化奸宄僞劣，捨刑罰不爲功。王粲難鍾荀太平論云：

當紂之世，殷罔不小大，好草竊奸宄，周公遷殷頑民於洛邑，其下愚之人，必有之矣，周公之於三聖，不能踰也，三聖有所不化矣，有所不移矣，周公之不能化殷之頑民，所可知也，苟不可移，必或犯罪，罪而弗刑，是失所也，犯而刑之，刑不可錯矣。

犯罪者既無代無之，則失所者亦所在皆是，那麽，刑罰焉可廢乎？然而刑賞乃治國之二柄，必矜莊以蒞之。欲求刑賞之平允，在執法者之公正，欲執法者之中正持平，貴在平素之訓練、涵養也。王粲認爲一個標準之執法者，必須是個精通先王典籍，且對律令有深入研究者，如此，一方面具有溫文儒雅之修養，不至於流爲苛刻寡恩；一方面具有糾姦察僞、辨疑斷難之本事，如此乃能做到寬猛相濟之地步。王粲儒吏論云：

至乎末世……執法之吏，不闚先王之典，縉紳之儒，不通律令之要。彼刀筆之吏，豈生而察刻哉？起於几案之下，長於官曹之間，無溫裕文雅以自潤，雖欲無察刻，弗能得矣。竹帛之儒，豈生而迂緩也，起於講堂之上，遊於鄉校之中，無嚴猛斷割以自裁，雖欲不迂緩，弗能得也。先王見其如此也，是以博陳其敎，輔和民性，達其所壅，祛其所蔽，吏服雅馴，儒通文法，故能寬猛相濟，剛柔自克也。

後世之欲執法治民者，欲其民之得所，可不精思此文乎？儒吏論略又云：

古者八歲入小學，學六甲五方書計之事；十五入大學，學君臣朝廷王事之紀。則文法典藝，其存於此矣。

王粲理想中之儒吏，卽由此培養而來。

㈢ **貴爵賞**

古人重爵，以爵賞有功，居有德，故觀其爵則知其德，爵可用爲黜陟之資焉，是民賜爵則喜，奪爵則懼，此乃尊爵所致。及文武之敎衰，爵人不以德，祿人不以功，則勸懲無準，而吏制以是不經。王粲睹良法之淪亡，故思有以復之，其爵論云：

古者爵行之時，民賜爵則喜，奪爵則懼，故可以奪賜而法也。今爵事廢矣，民不知爵者何也，奪之民亦不懼，賜之民亦不喜，是空設文書而無用也。今誠循爵，則上下不失實，而功勞者勸，得古之道，合漢之法，以貨財爲賞者，不可供；以復除爲賞者，租稅損減，以爵爲賞者，民勸而費省，故古人重爵也。

王粲認爲爵當有等級，則可依功以頒爵，功大者爵高，得依次遞昇，循序漸進，以致封侯。如此，則足以鼓舞人不斷去追求。爵論又云：

爵自一級，轉登十級而爲列侯。譬猶秩自百石轉遷而至於公也。而近世賞人，皆不由等級，從無爵封爲列侯，原其所以，爵廢故也。司馬法曰：賞不踰時，欲民速得爲善之利也。近世爵廢，人有小功，無以賞也，乃積累焉，須事足乃封侯，非所以速爲而及時也。……夫稍稍賜爵，與功大小相稱而俱登，既得其義，且侯次有緒，使慕進者逐之不倦也。

按魏國初建于建安十八年五月，時舊儀廢弛，粲典領朝儀爵制之興造，爵論之作，或即爲其制作之理論根據也。其義主在建立敘功賜爵之法，以阨循私倖進也。

(四) 舉賢能

欲使四海昇平，民生安樂，則聖人在位，必舉賢良。王粲云：「振鷺雖材，非六翮無以翔四海；帝王雖賢，非良臣無以濟天下。」臣乃君之股肱耳目，而良臣難得，必待訪察，不計出身，使其有機會施展抱負。七釋云：

聖人在仕，時邁其德，先天弗違，稽若古則，叡哲文明，允恭玄塞，登俊乂於壠畝，舉賢才於仄微，置彼周行，列於邦畿。九德咸事，百僚師師。

又倣連珠云：

明主舉士，不待近習；聖君用人，不拘毀譽，故呂尚一見而爲師，陳平烏集而爲輔。

至於君用臣之道，但記功而忘過，不可念念舊惡。此桓公捐棄舊怨，重用管仲，終成覇功；秦再重用孟明，終報晉耻也。另外，君當聽采臣下之直言，王粲倣連珠云：

觀於明鏡，則疵瑕不滯於軀，聽於直言，則過行不累乎身。

能登用俊乂，並聽納忠言，則可進乎大道，國政其庶幾乎！反之，有賢而不用，距諫者之說，鉗忠直之口，則亡國敗家，幾無寧日矣！粲精於事理，其所作低昂深淺之論，實凱切而可行也。

第六節　王粲詩賦之特色及其評價

王粲詩賦淸而麗，在建安中，子建而下應宜首推。以其才思逸發，華藻爛然，於諸子中特稱有用之才，故作品最能代表當時，因爲他成功的運作感性與知性，在意微心苦處落筆，極其眞切，極其深刻。讀其詩賦，最能看出那個時代，也最能測出當時文士之心境。同時，對於當時之文風，自然也易於把握矣。

文心雕龍時序篇云：「自獻帝播遷，文學蓬轉，建安之末，區宇方輯。……觀其時文，雅好慷慨，良由世積亂離，風衰俗怨，並志深而筆長，故梗概而多氣也。」明詩篇亦謂當時詩人「慷慨以任氣，磊落以使才」，這是個變革混亂的時代，群雄擁兵割據，互相攻伐，生靈飽受塗炭，輾轉流徙，文人於傷時感世之餘，每多哀傷愀愴之作，而自身之際遇困蹇，又易發爲憤世嫉俗的怨愁。張宛鄰云：「詩者思也。夫民有喜怒哀樂愛惡之情，有君臣朋友家園身世升沈新故，盛衰睽合之感，苟攖其心，心動乎情，情動於思，思久而情益深，則纏緜鬱積煩寃悱惻咄嗟而不能自已。」這是人情之常，然而到底讀書人皆一時之秀傑，他們對於家國、對於整個歷史文化有著一份責任感，他們的鼻息與時代之興盛衰亡相通，他們的知覺是敏銳的，情感是激烈的，抱負又是恢宏的，而憂生之嗟人皆有之，故於哀時憫世之餘，都有奮發興起，或思濟世牖民，或思乘時立名，此兩種情緒之交流激盪，構成了建安詩於悲哀情調中，隱伏著雄壯的氣魄，此卽所謂的「建安風骨」也。他們反映了社會的動亂，民生之困阨，並融合著憂國憂民的感情，形成了遒勁慷慨之壯聲。今讀建安時期之詩賦，大多具有這種質素。能辨於此，而後能體會嚴羽滄浪詩話所說的：「建安之作，全在氣象，不可尋枝摘葉」之意。時代意識如此，故辭賦直追詩騷，此不得不先披露之。劉熙載藝概云：

楚辭風骨高，西漢賦，氣息重，建安乃欲由西漢而復於楚辭者。

又云；

建安名家之賦，氣格遒上，意緒縣邈，騷人情深，此種尚延一線。

「詩人之賦麗以則」，以其吟咏性情也，祝堯於古賦辨體中析說：「詩人之賦，其情不自知而形於詞，其詞不自知而合於理。情形於詞，故麗而有則，詞合於理，故則而有法。如或失於情，尙詞而不尙意，別無興趣之妙，而於則也何有？」（吳訥文章辨體引）漢末賦之風格，由此點明。至於詩風亦以風力爲標，頗得詩騷氣骨，故向來論建安詩，多以蘇李、古詩十九首爲其原（如葉燮原詩、黃侃詩品講疏），甚且疑十九首爲曹、王之作品。因建安詩推曹植、王粲最爲代表，以作品多，風格近，故最易看出時代之共同特徵。宋書謝靈運傳論曰：

子建、仲宣以氣質爲體，並標能擅美，獨映一時，是以一世之士，各相慕習，原其飆流所始，莫不同祖風騷。

子建毋論矣，王粲之詩賦向來被認爲最具古風，其受古文學之浸淫最深，受傳統之哺育最多，故劉熙載言：「王仲宣詩出於騷」；又陳祚明言王粲詩爲「小雅變風之餘」、「深得小雅遺教」；又陸時雍以王粲詩「時激風雅之餘波」、徐楨卿言「王粲從軍得之二雅」。歸納前人見解，知王粲詩賦以「情勝」，雖馳勢逐情，一無造作，而格調自高，此殆有會於小雅「怨悱而不亂」之旨者。至於詩品上言王粲詩：

> 源出於李陵，發愀愴之詞，文秀而質羸，在曹、劉間，別構一體，方陳思不足，比魏文有餘。

上推李陵詩之淵源、風格，鍾嶸言：

> 其源出於楚辭，文多悽愴，怨者之流。陵名家子，有殊才，生命不諧，聲頹身喪，使陵不遭辛苦，其文亦何能至此。

王粲源出李陵，而李陵又出於楚辭，其間皆以悽愴爲體。由於他們都有超乎人之才情，不平凡的出身，却遭辛苦的際遇，情蘊於中，英華發外，自是悽婉悲怨。劉公任三國新志云：「粲以遭時喪亂，流寓四方，故其所作多哀苦之詞。」謝靈運擬魏太子鄴中集王粲詩序亦曰：「家本秦川貴公子孫，遭亂流寓，自傷情多」。王粲哀苦之作，固由流客愴怏難懷，一方面也因出自名公之胄，具溢才，胸次高，心理自然較難以平衡。如果他是個安於現實，祇圖個「苟全性命於亂世」，則其挫折感也就不會存在；又如果他出身低賤、無大才，自然也少了爭榮誇耀的想望。故才情與際遇之相激盪，成就其愀愴的風格，陳祚明采菽堂古詩評選云：「王仲宣詩如天寶樂工，身經播遷之後，作雨淋鈴曲，發聲微吟，覺山川奔逆，風聲雲氣，與歌音並至，祇緣述親歷之狀，故無不沈切。」考詩品所列承自王粲者，共有五家：潘岳、張華、張協、劉琨、盧諶，亦都以悽戾哀愴爲特色，其詞采大抵皆秀麗，然亦以「兒女情多，風雲氣少」而減價。今將詩品王粲一支列表如下，以明其源流：

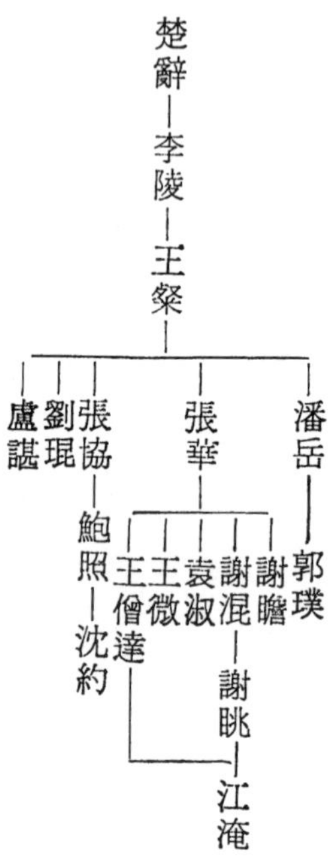

是此派之共同特徵是善於叙述悽怨之情及描寫淸麗之景。其上者或以姸冶華淨自標，或以淸剛之氣見長，其下者則以才氣不足，徒見淸淺耳。至於詩品言王粲詩：「文秀而質羸」、魏文帝言「仲宣獨自善于辭賦，惜其體弱」者，卽以王粲詩沈鬱有餘，剛健稍乏；眞摯有餘，跌宕不足也。且多直叙少溫婉興託之法，故有「肉勝骨」（王應麟詩藪）之譏。總其詩文，雖哀思難任，却給人「悲而不壯」的感覺。廖蔚卿先生於「詩品析論」一文中，對王粲「質羸」之評，從三方面加以解釋：

第一、從內容精神而言：王粲詩大部份以敍述哀情爲主，如七哀詩、從軍詩、雜詩、詠史詩等都是。故比不上曹植的博富氣象。第二、就風力而言：王粲詩缺少高邁之志氣，倜儻之風骨，在表現意旨時，又多以議論出之。第三、從語言藝術而言：王粲擅長敍述描寫，如果用「文勝質則史」這句話來解釋，我們可以說王粲的描述語文之技巧雖已達到「文秀」的美，但太重「屬詞比事」的敍述手法，而缺少像曹植那樣的「情兼雅怨」的溫柔譎喩之興託，更缺少阮籍的含蓄深遠。

夫文逐運移，格以人變，王粲擅憑風物以寫感慨，因「聲韻常緩」（許學夷詩源辨體），而有「體弱」

之病（註四），然以祖尙詩騷，情志淵懿，故不論載事或陳情，都足令「千載以下，想見其言之切及事之悲」（陸時雍語）。大底王粲的文章可分爲兩期，前一期以荊州所作爲主，多宣洩牢愁之篇；後期爲歸曹操，成了「鄴下集團」之成員，處境較佳，故詩多寬和，以環境、地位不同，詩風乃異。如前期之登樓賦，通篇以一「望」字爲線索，以「我」爲中心，三段三韻，沈著而靡密，令人無下口處。他以楚辭句法，寫牢騷鬱思，與屈原可謂同心同調。許世瑛先生云：「離騷是一首很長的抒情詩，完全吐露屈子的愛國之純，和被讒遭忌之厄，字字都含著血淚，爲古今第一首抒情哀歌，仲宣一定熟記於心，時時吟咏，所以到了自己身處其地，想到自身的可憐，覺得和古人如出一轍，攤開楮墨，提筆一洩己身的感慨，就不知不覺摸擬了屈子他們的句法筆調」（寫在登樓賦之後），這種推論是相當自然而合理的，讀此賦，心境每被感染而由寬平到切緊，由沈靜到激昂，故文帝稱「古人無以遠過」，陸雲說「登樓名高，恐未可越爾」，豈偶然哉！而漢魏以來所爲騷賦中最有楚辭味者，亦非此篇莫屬（註五）。其次，王粲的七哀詩，莽蒼精融，方東樹昭昧詹言稱：「仲宣七哀……其才氣噴薄似猶勝子建，感憤而作，氣激於中，而横發於外，後惟杜公有之……蒼涼悲慨，才力豪强，陳思而下，一人而已。」王粲以專記一人行動之法，第一首寫入荊州，觸目愁腸斷；第二首將出荊州，是一片懷鄉思歸之情，其哀漢之亂離，實自哀也！以其「落筆刻，登音促，入手緊」（王夫之古詩評選），將流離逃難之心境及憂生憫世，冀望平治的感情，皆鈎勒無遺。它不止是個人式的感傷主義，還具有悲天憫人的胸襟，故沈德潛謂爲杜少陵三吏三別諸篇之祖，而歷代亦推爲紀事詩之冠古獨步，此皆王粲作品中最有價值的部份。

及歸鄴都，環繞於妙善辭賦之太子曹丕，下筆琳瑯之公子陳思周圍，爲其羽翼，成就了一些「憐風月，狎池苑，述恩榮，叙酣宴」爲主要內容的「宮庭文學」作品，如每逢屬國或封王有寶物進獻，或面對佳樹珍禽，必命文士們作賦歌誦一番，此王粲瑪瑙勒、迷迭、柳、鶯、鸚鵡、白鶴、車渠椀、大暑、神女等賦之所由作也，而這些以娛耳悅目為目的之貴遊文學，自然是缺乏性靈的。因其以逞奇爭巧為勝，故多講究辭采的雕飾、對偶之精工，我們祇能嘆賞其描寫之巧妙，終無法讀出作者之心思個性來。當然，在他們連日達夜之遊後，不免有「歡樂極兮哀情多」，「少壯幾時兮奈老何？」之悲情，「年行已長大，所懷萬端，時有所慮，至通夜不眠，志意何時復類昔日」，眼前之青春、歡樂，能維持多久？其「永不復得為昔日遊」早已可料到，故「歲不我與」之歎，及對時代、前途之危懼感，都可從其字句中揣摩到，讀王粲雜詩，即可捕捉到這種氣氛，此又另取流韻清綺之一格矣！

王粲之詩文，歷來有很高的評價，蕭子顯南齊書文學傳論云：「王粲飛鸞之制，四言之美，前超後絕」，其他各體，亦得兼美。如公讌記遊則騁辭競藻，頌贊銘箴則雅正工巧，議論辨理則鋒潁精密，連珠詠史則諷諭磊磊，書檄雜文則婉曲盡言。運筆超妙，文法奇縱，而語意清警，局面擴大，故陳壽三國志於王粲傳後始附劉楨等諸子之事略，則隱然以王粲為七子之冠冕不疑。

結論

揆王粲作品，以「文秀」「質羸」這兩句鍾嶸批評他的話斷定，雖不中亦不遠矣。以其得蔡邕之藏書，學淵識博，深受雅騷影響，故講究詩語之琢磨鍛鍊，成就了許多典贍側密之作品，然也因半生飄泊，故多愁而善感，由於情感上潛在的流浪感，是以揮不去憂時傷世底悲涼悽愴的影子，這是風力欲振而乏之力之主因。而王粲詩文頗能反映時代，是其最可貴處，王世貞評為「詩史」，非虛言也。

【附　註】

註一：張璠漢紀。

註二：此據酈道元水經江水注。又盛弘之荆州記曰：「當陽縣城樓，王仲宣登之而作賦。」劉良注云：「仲宣避難荆州，依劉表，遂登江陵城樓，因懷歸而有此作，述其進退危懼之情也」。

註三：裴潛傳云：「潛私謂所親王粲、司馬芝曰：劉牧非覇王之材，乃欲西伯自處，其敗無日矣。遂南適長沙」。

註四：如其五言詩，往往只須四言，勉強增一字以成，自然顯得疏緩矣。而體弱與質羸是相爲表裡的。

註五：宋長白柳亭詩話：「王粲登樓：『白日忽其西匿，鳥相鳴而擧翼，原野闃其無人，征夫行而未息』摹寫長途景況，令人肌骨凜冽」。又錢穆先生「讀文選」一文中云：「王仲宣登樓賦一出，而始格貌全新，體態異舊，此猶美人罷宴，御冠佩，洗芳澤，輕裝宜體，靨笑呈眞，雖若典重有減，而實氣韻生動。自此以降，田野重於廟堂，閨房先於殿閣，題材意境，辭藻體氣，一切皆變，此風一暢，不可復止」。

第四章 徐幹學述

前言

夫處亂世，欲其去就語默之際，不悖於理者，良難矣！有希圖倖進，與聞政事，不度己之能，不愼己之身，其終不折足覆餗者蓋鮮矣。而徐幹獨本儒者治進亂隱之教，卓然以名節自立。其不與世同流，並不表示對世事之漠不關心，相反的，他一身擔荷天下民風士氣之重振，他刻刻以維繫道統國典爲念。中論考僞篇云：「仲尼之沒，于今數百年矣，其間聖人不作，唐虞之法微，三代之教息，大道陵遲，人倫之中不定，於是惑世盜名之徒，因夫民之離聖教日久也，生邪端、造異術，假先王之遺訓以緣飾之，文同而實違，貌合而情遠，自謂得聖人之眞也，各兼說特論，誣謠一世之人，誘以僞成之名，懼以虛至之謗，使人憧憧乎得亡，惙惙而不定，喪其故性而不自知其迷也。」是中論之作，在斥邪僞、顯聖道也。良由漢季儒學寖衰，雜家並陳，異端蠭起，尤其曹操之崇獎跅弛之士，使「權詐迭起，姦逆萌生」、「年少不復以學問爲本，專以交通爲業，國士不以孝悌清修爲首，乃以趨勢求利爲先」（註一），於此經術之治，節義之防皆蕩夷之時，偉長獨自考訂六經，確立儒家學說之眞義，明節義之防，倡禮法之治，「補聖德之空缺，旌微言之將墜」，其於儒學之闡發及聖道之維護，厥功偉矣。且徐幹持身清亮，六行脩備，自己樹立了醇儒的典範，於世亂俗衰之時，令奸回險士，聞風感動，稍歛野心，而東漢倡獎之氣節，乃得尚延一線！

本文卽以成一家言之「中論」一書，爲主要研究對象，顯發其精思偉識，以見徐子處那個大時代所作的反省，及其所提出睿智刻深之見解，俾知有識之士，於「優遊典籍之場，休息篇章之囿」外，憂時憫世，亟謀匡復，固不在文墨之場爭勝負也。

第一節　徐幹生平考略

徐幹傳附魏志王粲傳後，然僅「幹爲司空軍謀祭酒掾屬，五官將文學」等仕官之記載，另引文帝與吳質書「偉長獨懷文抱質，恬淡寡欲，有箕山之志，可謂彬彬君子矣，著中論二十餘篇，辭義典雅，足傳於後」數語耳！語焉不詳，於其家世，交游及學說思想，缺然無考，今欲知徐幹之生平梗概，則同時人所作之中論序，實爲一篇平允而詳細之資料，另益以先賢行狀，參互考訂，使其生平，略具眉目，而宋朝曾鞏之中論序，亦可取以證驗焉。但是最可靠的，還是從其遺文中尋取蛛絲馬迹，本乎此，而得幹之行年。按中論原序云：

　其先業以清亮臧否爲家，世濟其美，不隕其德，至君之身十世矣。

此處之「以清亮臧否爲家」，可從劉邵人物志得到最明確的解釋。按人物志分人流之業爲十二，以德、法、術三材爲源，其中以「德」爲源者，卽清節與臧否家。流業篇云：

　若夫德行高妙，容止可法，是謂清節之家……清節之流，不能弘恕，好尙譏訶，分別是非，是謂臧否。

劉邵認爲清節之家，可掌以道德，教導冑子，爲師氏之任；臧否之材，善分別是非，可爲師氏之佐。人物志利害篇云：

夫清節之業，著于儀容，發於德行，未用而章，其道順而有化，故其未達也，爲衆人之所進；既達也，爲上下之所敬，其功足以激濁揚清，師範僚友，其爲業也，無弊而常顯，故爲世之所貴。……臧否之業，本乎是非，其道廉而且砭，故其未達也，爲衆人之所識，已達也，爲衆人之所稱；其功足以變察是非，其蔽也，爲詆訶之所怨，其爲業也，峭而不裕，故或先得而後離衆。

徐幹之先世，一方面以清亮廉直之德，取高於世；一方面也以善分別是非，而具糾姦察僞之能。因史傳疏略，未知偉長先世曾在仕途上扮演何種角色，然其導德齊禮、正身斥惡，足以陶物振俗、激濁揚清則可知也。偉長秉承家風，充實而光輝之。中論原序稱其「統聖人中和之業，蹈賢哲守度之行」，是指其德操；「時國典隳廢，冠族子弟，結黨權門，交援求名，競相尚爵號，君病俗迷昏，遂閉戶自守，不與之群」，其不與俗士相彌縫，則是臧否之事也。那麽，徐幹之總清亮、臧否之德，名著於時，實得之於家教之薰陶也。上明偉長之家庭背景，次考其生平：

東漢靈帝建寧四年辛亥（西元一七一年）徐幹生。

中論原序云：「姓徐名幹，字偉長，北海劇（今山東壽光縣東南）人也。……年四十八，建安二十三年春二月遭厲疾，大命殞頹。」可推當生於此年。幹之事跡附魏志王粲傳，故相沿稱爲魏人。四庫提要云：「然幹歿後三、四年，魏乃受禪，不得遽以帝統予魏，陳壽作史，託始曹操，稱爲太祖，遂併其僚屬均入魏志，非其實也。」幹之託病避事，隱居著述者，其心迹不亦明乎？

中平元年甲子（西元一八四年）幹十四歲。

中論原序：「君含元休淸明之氣，持造化英哲之性，放口而言，則樂誦九德之文，通耳而識，則教不再告。未志乎學，蓋已誦文數十萬言矣。年十四，始讀五經，發憤忘食，下帷專思，以夜繼日，父恐其得疾，常禁止之。」此明其求學過程也。

中平六年己巳（西元一八九年）幹十九歲。

中論原序云：「未至弱冠，學五經悉載於口，博覽傳記，言則成章，操翰成文矣。此時靈帝之末年也。」是幹未弱冠，已極博通，且見文才矣。

獻帝初平元年庚午（西元一九〇年）幹二十歲。

中論原序云：「于時董卓作亂，幼主西遷，姦雄滿野，天下無主，聖人之道息，邪僞之事興，營利之士得譽，守貞之賢不彰，故令君譽聞不振於華夏，玉帛安車不至於門。按曹丕典論自序云：「初平之元，董卓殺主鴆后，蕩覆王室，是時四海既困，中平之政，兼惡卓之凶逆，家家思亂，人人自危。」董卓傳亦言卓於初平元年二月，徙天子都長安，焚燒洛陽宮室。步騎驅蹙，更相蹈籍，饑餓寇掠，積尸盈路，二百里內，無復孑遺，又使呂布發諸帝陵及公卿以下冢墓，收其珍寶。是天下之亂極矣，爲「天地閉、賢人隱」之時也。幹乃隱居以待時。建安元年，天下稍定，以軍國之需，求才孔急，幹以德高識博，故「州郡牧守，禮命踧踖，連武欲致之」，但徐幹認爲縱橫之世，乃先聖之所厄困也，所以絕迹山谷，窮研墳籍之奧，以印證事實，終以用功太過而發疾疢，潛伏延年。此即先賢行狀所云：「輕官忽祿，不耽世榮」也。

建安三年戊寅（西元一九八年）幹二十八歲。

徐幹傳云：「幹爲司空軍謀祭酒掾屬。」按曹操於建安元年，拜司空。建安三年，初置軍師祭酒。則幹之任爲司空軍謀祭酒掾屬，當在是年或以後。中論原序云：「會上公撥亂，王路始闢，遂力疾應命，從戍征行，歷載五、六，疾稍沈篤。」按建安元年，曹操迎獻帝都許，至是而宗廟社稷制度始立。幹之應命，乃思以德行文藝，為曹氏佐，俾行道立教，與民更始也。而「歷載五、六」，則建安八、九年左右，幹即辭之以疾，潛身窮巷矣。此後，曹操又曾二度徵召他，他都未赴任，此見於先賢行狀所載：「建安中，太祖特加旌命，以疾休息，後除上艾長，又以疾不行。」按一統志言上艾故城，在山西平定州境。

建安十六年辛卯（西元二一一年）幹四十一歲。

徐幹傳云：「（幹）為五官將文學。」按典略云：「建安十六年，世子為五官中郎將，妙選文學。」洪飴孫曰：「漢建安十六年，文帝為五官中郎將，置官署，有長史涼茂、邴原、吳質，文學徐幹、應瑒、劉廙、蘇林……。」又詩答劉楨：時劉楨以平視甄后受刑，詩贈徐幹，幹賦詩答之。劉楨詩中有「誰謂相去遠，隔此西掖垣，拘限清切禁，中情無繇宣……步出北寺門，遙望西苑園……」句，據昭昧詹言卷二論劉公幹曰：「時徐為太子文學，故在西園，所云北寺，當是被刑輸作，北寺署吏時作，故有『仰視白日』等語。」由茲可知徐幹與劉楨相知深也。幹又作西征賦：按武帝紀十六年，秋七月，公西征，幹因有此作。其他如車渠椀、嘉夢、圓扇，及典論論文所稱之玄猿、漏卮、橘賦等，皆當作於此時。至於盛稱之「室思」等情詩，亦為與曹氏兄弟交游時期之作品，過此則廢詩賦頌等美麗之文，潛心撰著中論矣。

建安十九年甲午（西元二一四年）幹四十四歲。

晉書鄭袤傳：「魏武帝初封諸子為侯，精選賓友，袤與徐幹俱為臨菑侯文學。」按植於建安十九年，徙封臨菑侯，則幹為臨菑侯文學，當在十九年或以後。摯虞文章流別哀辭：「……建安中，文帝與臨菑侯各失稚子，命徐幹、劉楨等為之哀辭。」按文帝仲子曹喈，字仲雍，三月而生，五月而亡，植作仲雍哀辭。又曹植有金瓠哀辭、行女哀辭，弔其二女。又慰子賦，亦傷夭子徐。幹之哀辭，亦極有名，故文心雕龍哀弔篇云：「建安哀辭，惟偉長差善，行女一篇，時有惻怛。」今行女哀辭，已佚，其寫作年代，無由確考。

建安二十年乙未（西元二一五年）幹四十五歲。

從建安二十年至去世間，皆過著隱居著述之生活，再無意於仕途。曹植有贈徐幹詩：「顧念蓬室士，貧賤誠足憐。薇藿弗充虛，皮褐猶不全，慷慨有悲心，興文自成篇。寶棄怨何人？和氏有其愆，彈冠俟知己，知己誰不然？良田無晚歲，膏澤多豐年。亮懷璵璠美，積久德愈宣。親交義在敦，申章復何言。」揆詩意，則徐幹與曹植之交情必極眞誠，以幹曾爲臨菑侯植之文學，故交好也。徐幹有「七喻」，其言曰：「有逸俗先生者，耦耕乎巖石之下，棲遲乎窮谷之岫，萬物不干其志，王公不易其好，寂然不動，莫之能懼。」此託逸俗先生之語以見志也。中論原序又云：「君之性常欲損世之有餘，益俗之不足，見辭人美麗之文，並時而作，曾無闡弘大義，敷散道教，上求聖人之中，下救流俗之昏者，故廢詩賦頌銘贊之文，著中論之書二十篇」，則中論之作，必在晚年退隱時期。

建安二十三年戊戌（西元二一八年）徐幹卒。

按中論原序言徐幹於建安二十三年春遭厲疾去世，年四十八。此序出自當時人之手，舊無名氏，意林中論六卷，任氏注。此任氏，舊疑或卽幹同時之任嘏所作，未敢定之。然序末旣云：「余數侍坐，觀君之言」云云，陳振孫更驗其文，頗類漢人體格，則可確定爲同時人所作。那麼，言「二十三年春，遭厲疫亡故」，實有相當可靠度。且由序中所述，推幹之生平，皆相吻合，則魏志稱幹、琳瑒、楨，二十二年卒。又曹丕與吳質書：「昔年疾疫，親故多罹其災，徐、陳、應、劉，一時俱逝。」此書據典略云作於建安二十三年，以迹二十二年，諸子死於疫癘之事，其間出入一年，當作何解？是否爲傳寫時所誤耶？抑另有別本耶？考建安二十二年十月，魏大疫，幹或於十月染疫，拖延至二十三年春，乃卒，丕與質書，歷數亡逝者，初不必定死於同時也。按冢記曰：徐幹墳在濰縣東五十里，俗呼博士冢。趙一清曰：魏書地形志北海郡都昌有徐偉長冢。徐幹之作，嚴可均全後漢文輯存文十篇，馮惟納詩紀輯存五篇。至於中論一書，隋唐志皆作六卷，隋志又注云：梁目一卷，崇文總目亦作六卷，而晁公武郡齋讀書志、陳振孫直齋書錄解題並作二卷。書凡二十篇，然曾鞏校書序有言：始見館閣中論二十篇，及觀貞觀政要，太宗稱嘗見幹中論復三年喪篇，而今書獨缺。考魏文帝稱幹著中論二十餘篇，知館閣及世所傳非全書也。又據晁公武稱李獻民所見別本實有「復三年」、「制役」兩篇，李獻民爲李淑之字，嘗撰邯鄲書目，知其書在宋仁宗時尚未盡殘闕也，此二篇，今從群書治要中輯得其文。

第二節　徐幹之性行志節與人生歷程

明徐楨卿談藝錄云：「漢魏之文人特茂，然衰世叔運，終鮮粹才。」而偉長以雅達君子，逡巡濁世而皭然不汙，故曹丕對當時文人之性行，皆有所批評，獨稱徐幹「懷文抱質，恬淡寡欲，有箕山之志，可謂彬彬君子。」此處言徐幹文德俱優，少奔競之心也。證以魏志引韋仲將誕云：「仲宣偏於肥戇，休伯都無檢格，元瑜病於體弱，孔璋實自粗疏，文蔚性頗忿戾，故卒不登大位，淪棄當時。」又顏氏家訓：「劉楨倔强輸作，王粲率躁見嫌，孔融、禰衡誕傲取殞，楊修、丁廙扇動取斃。」兩君所識，皆不及偉長，則魏文固非妄歎也。

從中論原序及先賢行狀所述，皆稱幹清玄體道，六行脩備，聰識洽聞，操翰成章，輕官忽祿，不耽世榮，在那個仗氣使才的時代裡，求一性行淑均，秉正獨立者，殆不可得，而幹却能操持聖人中和不倚、威重謹約之德，其見重於時人，豈偶然哉！王昶戒子書云：

北海徐幹偉長，不沽高名，不求苟得，澹然自守，惟道是務，有所是非，則託古人以見其意，吾敬之重之，願兒子師之。東平劉公幹，博學有高才，誠節有大志，然性行不均，少所拘忌，吾愛之重之，不願兒子慕之。

其狷介自守，殆服膺聖訓，克己復禮而來。是以端居愼獨，言行無忝儒者本色。文心程器篇云：

若夫屈賈之忠貞，鄒枚之機覺，黃香之淳孝，徐幹之沈默，豈曰文士必其玷歟？

徐子之「沈默」，即中論原序所云之「淵默難測，誠寶偉之器」也。在中論審大臣篇裡述大賢之行「褎然不自見，儡然若無能，不與時爭是非，不與俗辨曲直，不矜名，不辭謗，不求譽，其味至淡，其觀至拙」，此即淵默之最佳寫照。而此淵默，乃體道而來，非有養不能至也！其修養之歷程，經梳理而得下列階段：

(一) 積學修藝

偉長天資穎異，「含元休淸明之氣，持造化英哲之性」，且勵學不輟，據中論原序稱其少年時代即知潛心於學、思，經常日以繼夜，廢寢忘食，其父恐其得疾，每禁止之；稍長大後，也曾爲了思考書中幾微奧義而生了一場大病。在他仰觀天道，俯察人事之際，產生許多疑惑，爲了解決這些問題，他更博覽傳記。這正是異日著述成一家言之憑藉。夫積學以儲寶，酌理以富才，必優遊六籍以體聖賢之道，修習六藝以曉統事御群之能，而後具論道講事之材，精於爲政之大道遠數。偉長修質嘉文，儼然體全君子，學優而仕，實綽有餘裕焉。中論原序又稱其「學無常師，有一業勝己者，便從學焉，必盡其所知，而後釋之；有一言之美，不令過耳，必心識之，志在總家言之長，統道德之微，耻一物之不知，愧一藝之不克。」積學、修藝、養德，三者成，則祿在其中矣。

(二) 平居待時

中論序云：「（幹）日夜亹亹，昃不暇食，夕不解衣，晝則研精經緯，夜則歷觀列宿，考混元於未形，補聖德之空缺，誕長慮於無窮，旌微言之將墜。」又云：「君以爲縱橫之世，乃先聖之所厄困也，豈況吾徒哉！有譏孟軻不度其量，擬聖行道，傳食諸侯，深美顏淵荀卿之行，故絕迹山谷，幽居研幾，用思深妙。」前云徐幹之德行，文藝俱優，實帝王之佐，理應出仕，輔明主以立教施政才對，何以反譏孟軻之傳食諸侯爲不度其量耶？以其時「奸雄滿野，天下無主，聖人之道息，邪僞之事興，營利之士得譽，守貞之賢不彰」，爲君子不遇之時，而時不可爲，他唯有懷寶平居，以俟知己。雖則如此，他密切的注意著局勢的發展，他爲著政治、社會及整個聖統的承續問題，而憂心如焚。

(三) 應命出仕

中論原序：「會上公撥亂，正路始闢，遂力疾應命，從戍征行」。徐幹曾任爲司空軍謀祭酒掾屬，後以疾辭。及太子爲五官中郎將，幹又爲太子文學。偉長本想施展才幹，輔佐曹操，與民更始，故對操曾寄予希望。然終未被重用，祇以文學侍從待之，這實大大的違背出仕之本意。讀偉長西征賦：

無嘉謀以云補，徒荷祿而蒙私，非小人之所幸，雖身安而心危。

偉長實頗懷用世志，亟思有所獻替，以福國利民，他自信具有「心統乎群理而不謬，智周乎萬物而不過，變故暴至而不惑，眞僞叢萃而不迷」的本事，祇要明王能重用他，必能使「邦家治以和，社稷安以固，兆民受其慶，群生賴其澤」，今不能讓他建策立言，徒然以利祿牢籠他，這在小人，或引為得時，對於他，却是難以忍受的。他曾說：「苟書法而不行其事，爵賢而不用其道，則法無異乎路說，而賢無異乎木主也。」又云：「賢者之為物也……將以言策，策不用，雖多奚為？若欲備百僚之名而不問道德之實，則莫若鑄金為人而列於朝，且無食祿之費矣。」幹是不甘於被視為「木主」、「金人」的，故其痛苦可知！從其與曹氏交遊，無一語阿諛之辭，其詩多抑鬱，知其懷志不遂，有才無由施展，所謂「冰炭滿懷抱」者也！

(四) 稱疾避事

中論原序云：「潛身窮巷，頤志保眞，淡泊無為，惟存正道，環堵之牆，以庇妻子，并日而食，不以為戚，養浩然之氣，習羨門之術。」又歷來皆本謝康樂擬魏太子鄴中集詩詠徐幹之句：「少無宦情，有箕潁之心事，故仕世多素辭」，來度徐幹之心志，言其自少即無仕宦之心了，然而從中論之正君道、斥邪僞、崇賞罰……等主張，知其極關心政治、民俗。那麽其稱疾避事，一方面是不與浮華之士為伍：因當時有一些人，不務實學，專營惑世盜名之計，「勤遠以自旌，廣求以合衆，枉直以取舉，屈道以弭謗，識流俗而託博文，飾非言訐，無倫而辭察」，他們鑽得勢位，反過來裁抑正人君子，偉長不與同流，羞與同群，故自隱退。二方面或許是曹操奸形已露，肆殺漢室之支持者，果脅世族名士，籠絡文人才智，幹故心懷恐懼，且疾其所為，故二辭旌命。在中論智行篇裡，徐幹說到：「故大雅貴既明且哲，以保其身。夫明哲之士者，威而不懾，困而能通，決嫌定疑，辨物居方，禳禍於忽杪，求福於未萌，見變事則達其機，得經事則循其常，巧言不能推，令色不能移。」偉長眞乃明哲保身、慮變達機之士歟（註二）！另外，就是前述不甘被祿養供奉，故有「中飲顧昔心，悵焉若有失」之句，在杯觥交錯間，自覺有愧宿志，故有歸歟之歎音。莊子繕性篇云：「古之所謂隱士者，非伏其身而弗見也，非閉其言而不出也，非藏其知而不發也，時命大謬也。」時命大謬，則或有見危而授命，或有被髮而狂歌；或三黜而不去，或辭聘而山棲；或忍辱而俯就，或杜口而佯愚，偉長乃一代醇儒，其出處去就，本「天下有道則見，無道則隱」之教，故稱疾避事焉。

(五) **著述垂後**

徐幹疾辭人美麗之文，不足以闡揚聖道、匡濟人心，維繫國典，故於晚年退隱後，「獨考六藝，推仲尼孟荀之旨，定仁義之中，倡禮法之治，著中論二十餘篇。」故中論一書，殆志士發憤之作也。曹植贈徐幹詩云：「慷慨有悲心，興文自成篇」，此興文成篇，即中論之完成也，丕稱其「辭義典雅，足傳於後，此子爲不朽。」徐子之爲論也，必原事類之宜而循理焉，故能獨觀於道德之要，研精於政治得失之故，而不牽於俗儒之說，是以說成而不可間，義立而不可亂。其所闡發之義理，原本經訓，而歸之於聖賢之道，故向來史志皆列入儒家，其傳世行遠，殆非仲宣、孔璋等所可及也！其有益於世道人心，自非風幕之文，代人悲喜者可比也！

第三節　徐幹詩文之特色及其評價

典論論文以偉長之辭賦，爲王粲之匹也。又文心雕龍才略篇云：「徐幹以賦、論標美。」詮賦篇又云：「偉長博通，時逢壯采。」則徐幹不但以「中論」一書，辭義典雅，爲曹丕所稱美外，其賦體亦有名於時。然其賦大多已殘佚，未能窺其全豹，如典論論文所列之「玄猿、漏巵、圓扇、橘賦」，今皆不存矣，而全漢文另輯有齊都、西征、序征、哀別、嘉夢、冠賦等，可知徐幹之賦，爲數當在不少，唯其作品多，才能析索其風神，此曹丕稱徐幹之賦，詩有「齊氣」也。按「齊氣」一辭，解者多家，如李善文選注引漢書地理志作「舒緩」解，其言曰：「齊俗文體舒緩，而徐幹亦有斯累。」又寰宇記稱：「齊家人志氣緩慢」，舒緩之累，或指幹沈靜寬和，其詩多低迴感傷之氣氛也。惟以「舒緩」概偉長之文風，似未盡然，故又有作「高氣」解，此實由其「頤志保眞、不耽世榮」之性格來，然高氣用以論人之性格則可，論文則待斟酌焉。另有作「齋氣」解者，按齊爲齋之古字，古經典中齋多作齊，蓋偉長「絕迹山林，幽居研幾」，以立身清亮，其辭自然靜穆也。此可與謝靈運擬魏太子鄴中集詩言徐幹「少無宦情，有箕潁之心事，故仕世多素辭」之「素辭」相證印，蓋其氣雍容，其理不駁，且不事綺靡也。至於曹丕稱偉長之賦，其善者雖張、蔡不過也，此乃得力於博學淵雅，故能從容按節，心手相應也。

至於其詩，則多「寬和、饒有眞情」（王闓運湘綺樓論唐詩），現偉長存詩九首，除「答劉公幹詩」爲贈知己之作外，餘八首皆屬情詩（其中爲挽船士與新娶妻別詩，藝文類聚作徐幹，玉台新詠作魏文帝，未能決定爲誰所作），題材皆以怨婦思君而孤寂無訴爲主，情致纏綿，令人低廻不已！其中「室思」一首六章，各選本每以前五章爲詩，末一章始冠以「室思」之名，此實誤也。以此詩昭明文選不錄，最早見於選本者，當推玉台新詠，而玉台新詠即以室思一首分六章者。宋郭茂倩樂府詩集云：「漢徐幹有室思詩五章，其第三章曰：自君之出矣，明鏡暗不治……」；又藝文類聚載「浮雲何洋洋」一首，正作「室思」，宋孝武帝「自君之出矣」一首，作「擬室思」，可見諸本作雜詩爲誤也。今析論六章，實一脈相承，皆以「自君之出矣」爲關鍵，而無不調和之感，知六首爲一無疑。全詩雅純婉約，旨趣敦厚。按稍前之古詩十九首，多思婦怨詞，或爲文人假婦人之口吻，以寄懷才不遇之意者，風尚如此，徐幹之情詩，主題與十九首類似，故沈德潛云：「此託言閨人之詞也！自處於厚，而望君不薄，情極深至。

」此視偉長情詩乃仕途失意的反映，因爲其詩中有著「自恨志不遂」、「誠心亮不遂」之句，則與託之說，也不是不可能（註三）。然考建安詩，以棄婦之立場，寫幽閨淒寂，度日如年之作品甚多，因主題相同，佈局與用辭，每多類似，此實文人競馳思致，表現才華，而代人憂喜之作。然而因爲他們能夠設身處地，完全投入其中，把自已化作棄婦怨女，分享其愛恨，並勾勒其內心逾恒的憂傷，顯露其隱伏的情愫，故其作品已有了血肉、生命。況且，在我們正視當時何以會產生那麼多的閨怨作品這個環節上時，實不難推見斯時之社會，必存在著某些問題，才促使敏感的文人，懷悲憫之心，藉端興諷焉！那麼，它已跳出了遊戲騁才之本質，而具有莊嚴的意義了。我們都知道，那是個征伐連連的時代，夫妻生離死別，所謂「邊城多健少，內舍多寡婦」（陳琳飲馬長城窟行），倫理悲劇層出不窮，觸目皆是。文人於憂時傷世之餘，替這些被命運捉弄的弱女子代言，甚至代爲呼喊，藉著她們的口，道出厭亂思治的思想來，此已達到託諷之目的了。

然而，有大半閨怨作品，揆其詩意，並非戰亂而悖離，主要還是當時社會風氣之趨於浮華，夫婦情份澆薄，婦女之地位低落，男人爲求名逐利，拋棄糟糠；又士人慕尚風流，多納婢妾，重新而忘故，弱女子在一無保障之下，被拋棄了，「同心而離居，憂傷以終老」、「良會未有期，中心摧且傷」，徐幹等有見於此，爲「再使風俗淳」，故苦心舖辭。

大底此類作品，或强調女子之堅貞，或烘托其孤寂無助，或描寫其翹盼延佇之情……然必以「自然」取勝，絕不可矯揉造作。而自然，實得力於「直尋」，詩品序言：

吟咏情性，亦何貴於用事，思君如流水，即是即目，……觀古今勝語，多非補假，皆由直尋。

此處之「思君如流水」，即徐幹室思詩第三章之句，今讀徐幹情詩，絕少用事，却纏綿感人，後之閨情詩，莫不取則焉。茲嘗試析論其「情詩」又「室思」詩，以見其風格：

> 高殿鬱崇崇，廣夏淒冷冷，微風起閨闥，落日照階庭，踟躕雲屋下，嘯歌倚華楹，君行殊不返，我飾為誰榮？鑪薰闔不用，鏡匣上塵生，綺羅失常色，金翠暗無精，嘉殽既忘御，旨酒亦常停。顧瞻空寂寂，惟聞燕雀聲，憂思連相屬，中心如宿酲。

夫高殿、廣廈、雲屋、華楹、自是侯門貴戶；鑪薰、妝鏡、綺羅、金翠、嘉殽、旨酒，亦富者慣常之物這裡烘托出少婦之身份及氣派；在偉麗的建築、奢華之享受下，襯出一被嬌寵的女人，也唯有這樣嬌貴的女人，處華屋下，沈醉於愛的氛圍裡，在令人生羨的十足美滿中，眞個是不知愁之為何物，但也隱示其內心的脆弱、不堪一擊了。由於她對情感的全然倚賴、投注，故經不起一絲一毫的挫傷，這種濃烈而細緻的感情，因「君行殊不返」而滅裂了。君之行也，毫無理由，過去彼此恩情深厚，理應見思而歸，何言決然一別，復會無因緣？以君行無返期，歡情不再，良景虛設，華麗的堂構，被「鬱」、「淒」所籠罩，而顯得龐大空洞與陌生，甚至是陰森怕人。祇因為我心摧傷，將此摧傷之心投射到外物，則物皆著我之色彩，而無不悲鬱。在這裡，徐幹用了「嘯歌」，甚能表現其空寂、且具有迴響的淒情；用了「踟躕」，表達了中心搖搖，無處排遣的愁苦。而斜暉、微風實能加强空寂的密度，為下面「顧瞻空寂寂、惟聞燕雀聲」做呼應。因落單而疑慮，因相思而煩憂，外在景物，無不獻愁供恨，故於彷徨無告的情況下，引領還入房，却依然是一股襲人的、徹骨的淒清，這襲人的淒清，從四面八方向她包圍過來。於是以一句「我飾為誰榮」，為下面六句提出了解釋。她已失去了那種為悅己者容的心情，故鑪薰闔，鏡生塵、妝失色、金翠暗，當痛苦吞蝕了幸福的光澤，昔日的璀燦都褪色了；在芳菲歇的心境下，唯有咀嚼往日幸福的餘渣，而食不知味了！「拚今生，為伊憔悴」，只有讓憂思一波一波的將她淹沒。在這裡，徐幹成功的應用了許多凸顯的動詞及形容詞字眼，如「闔」、「失」、「暗」、「忘」、「停」等，其對等字則爲暖馨明亮，因而給人產生過去香而熱，而今淒而冷的比較。歷來描寫怨婦平居，多「笥錦廢不開」、「芳帷低不捲」、「顏不解」、「香不燃」、「罷紅妝」、「鏡生塵」、「絕音聲」、「廢飲食」、「減容輝」……而這些都被徐幹純熟融入。夫鏡生塵、金翠暗，爲歲月悠悠，其別已久，而長久罷妝及廢飲食之下，其憔悴可知，現實依然冷酷，空蕩的庭院祇聽到吱吱雀聲，知庭院之荒涼清寂，同時又通過吱吱喳喳聲來暗示內心的煩亂，內外景物加起來，配以少婦衷心之掙扎與挫折，交織成一完整、絕對的閨怨作品。王國維人間詞話云：

詩人對宇宙人生，須入乎其內，又須出乎其外，入乎其內，故能寫之，出乎其外，故能觀之，入乎其內，故有生氣，出乎其外，故有高致。

徐幹情詩其庶幾乎！又其室思第三首——「自君之出矣」，更享盛名，其末四句：「自君之出矣，明鏡暗不治，思君如流水，無有窮已時」，後世擬者頗多，郭茂倩樂府詩集卷六十九錄宋孝武帝以下擬者二十一首。「自君之出矣」，或稱「擬室思」竟成了專題，然大底所擬之作，僅具聲貌，而神氣索矣，故沈德潛稱擬室思「總遜其自然」。

夫「別方不定，別理千名」，但「有別必怨，有怨必盈」（江淹別賦），其黯然銷魂則一，故室思閨怨，古今所同。「明鏡暗不治」，知其憔悴，蓋鏡乃女人用以理妝者，其鬥眉長，其貼花黃，在在須用鏡子，而鏡子呈現嬌容，有幾許自信，幾分幻想與企盼，及其心變，則無攬鏡顧盼之勇氣矣！鏡蒙塵而暗，是久不治鏡也，容光慘淡，是久不開顏也！何以久不開顏耶？以君之出也。君出容黯，「豈無膏沐，誰適爲容？」此裝容，正是極端相思之苦狀。而君出乃不施脂粉妝飾，亦是愛之切、想之至的表示。

三句設譬，以流水比相思之無窮無盡；而逝者如斯，恩愛恐付流水，永無回頭之時矣；唐朝雍裕之本徐幹之意，作「自君之出矣，寶鏡為誰明！思君如隴水，長聞嗚咽聲。」流水潺潺，似人之嗚咽！而「此水幾時休，此恨何時已！」縱流水有窮，而相思亦無盡處！是三句為四句之伏筆，為相思之情之無窮已作呼應，而幽怨之狀，已溢於言表矣！

徐幹擅于抒情，其室思詩，一往情深，最能擬寫中國傳統女人溫柔敦厚，婉曲繾綣之深情，及幽怨悱惻之衷腸，與古詩十九首，足相輝映。

鍾嶸詩品將徐幹列為下品，言：「偉長與公幹往復，雖云以莛扣鐘，亦能閑雅矣。」後有人批評其說踳謬，如清王士禎漁洋詩話云：

下品之徐幹、謝莊、王融、帛道猷、湯惠休，宜在中品，而位置顛錯，黑白淆譌，千秋定論，謂之何哉？建安諸子，偉長實勝公幹，而嶸譏其「以莛扣鐘」，乖反彌甚。

胡應麟詩藪亦認為「以公幹為巨鐘，而偉長為小梃，抑揚不已過乎？」向來文評家，皆主劉楨以氣勝，其特色是勢逐情起，直抒胸臆。樸實緊健是其長，而雕潤少則為其病；徐幹之詩則閑雅寬和，饒有眞情，此殆其性恬淡無爭的表現，要之，幹以篇什寥寥，除五言較有可觀外，歷來評價並不很高。良由處任氣尚奇的時代，雄贍高華，乃為上選，而幹詩「閑雅」、「寬和」，終落疏緩之譏；因「清而未遠」（陸時雍詩鏡總論），而難就聲價，「然淺淺生動」，實詩中之小品。

中論原序云：「（幹）見辭人美麗之文，竝時而作，曾無闡弘大義，敷散道教，上求聖人之中，下救流俗之昏者，故廢詩、賦、頌、銘、贊之文，著中論之書二十篇，其所甄紀，邁君昔志，蓋百之一也。」是幹不以詩名，非不能也，不為也。他把全付的聰智心力，投注在中論的創作上，而以義理取勝。

雖則如此，其文辭仍出之以莊正典雅。劉熙載藝概稱中論全書：「說道理俱正而美審」，又明胡維新兩京遺編前序云：「仲長統、王符、徐幹，憤世嫉邪之士也，慷慨沈毅，有味乎其言之矣。」傷時慨世之作，痛切而著明，故不齟齬於華采為工也。劉熙載又云：「余謂幹之文，非但其理不駁，其氣亦雍容靜穆，非有養不能至焉。」中論盛傳，其與魏晉之尚靡麗，殆不可同日而語矣！

第四節　徐幹之政治思想

漢季儒學衰微，統治者好小智而略治道，闇遠圖而察近物，讀書人不知立志，不務實學，以利口巧辯、求勢逐利為能；士行敗壞，不知修德遷善，而專事交游結黨（註四）。幹以一介書生，嵩目時政，乃抗言高論，思針砭鄙俗，敦勵士風，故特別講求循名責實，以破虛偽；又主張貴爵重祿，以敦仕道；明賞慎罰，以端民風；重智崇藝，以利民生。其政治思想，雖本儒家，唯以時代因素，頗含功利思想，從文中屢稱道荀子，知本齊學尚功利而來。其所作低昂深淺之論，都能切中時弊，振起沈痼，今條舉而闡述之：

㈠ 明君道

徐幹認為人君必由全德聖人為之，以其仁智，御萬國，總英雄，君臨四海。夫英雄者，乃文武茂異、風姿秀傑者，英可以為相，雄可以為將，而聖人能總達其材，因材適任，使君道得，臣道序，同亮天工，則太平可臻。中論爵祿篇云：

易曰：「聖人之大寶曰位」。何以為聖人之大寶曰位？位也者，立德之機也。勢也者，行義之杼也，聖人蹈機握杼，織成天地之化，使萬物順焉，人倫正焉，六合之內，各充其願，其為大寶，不亦宜乎？

夫爲人君者，不可自以爲權傾當世，威加四海而妄肆非爲，當明天權之所在。蓋勢位本在行道，「身不尊則施不光，居不高則化不博」，既居高位，影響力自較遠大，行道立教，正是本務。務本篇云：

人君之大患也，莫大於詳於小事而略於大道，察於近物而闇於遠圖。……夫詳於小事而察於近物者，謂耳聽乎絲竹歌謠之和，目視乎彫琢彩色之章，口給乎辯慧切對之辭，心通乎短言小說之文，手習乎射御書數之巧，體騖乎俯仰折旋之容。

凡事宜立其大者，何況君道？今以居南面之尊，秉生殺之大權，其勢足以勝人，倘又加些超過一般人的小智小慧，自是目空一切，那麽，誰敢攖逆之？誰敢進諫乎？故人君縱使「視如離婁，聽如師曠，御如王良，射如夷羿，書如史籀，計如隸首，走追駟馬，力折門鍵」，終無益於治也！因爲這些都是爲臣者之本事，君道大本固不在此也。務本篇云：

爲仁足以覆幬群生，惠足以撫養百姓，明足以照見四方，智足以統理萬物，權足以變應無端，義足以阜生財用，威足以禁遏姦非，武足以平定禍亂，詳於聽受，而審於官人，達於興衰之原，通於安危之分，如此則君道畢矣。

此始爲君人者之「大道遠數」也。人君務於大道遠數，則勢位常保，德義可施。反之，「好小智，多技藝，不通於大倫者，適足以距諫者之說，鉗忠直之口，祇足以追亡國之迹，而背安家之軌」也。徐幹立言箸策，深悉政道，論政而首言務本，乃得其綱領矣。

(二) 舉賢能

夫大臣爲君之股肱耳目，乃治萬邦之重器，故不可不得其人也。知人取士，豈可後乎？審大臣篇云：

博求聰明睿智君子，措諸上位，執邦之政令焉，執政聰明睿哲，則其事舉，其事舉則百僚莫不任其職，百僚莫不任其職，則庶事莫不致其治，庶事致其治，則九牧之民，莫不得所。

而欲得眞人才，則不可以徒因衆譽。夫用人而憑衆譽，是不欲爲治，祗爲求名而已！故人君當應用智慧，諮諏博訪，詳觀而密察。蓋亂世，「名譽可以虛譁獲」（譴交篇），倖進之徒，結比周之黨，互相褒歎，而浸得虛名，苟不識是非，不辨曲直，以衆譽爲賢能，則詐僞者每得以肆其野心矣。

夫大賢之行，「裒然不自見，儡然若無能，不與時爭是非，不與俗辨曲直，不矜名，不辭謗，不求譽，其味至淡，其觀至拙」（審大臣篇），窮居陋巷，固非流俗之所識，其何以獲衆譽？此難怪衰世浮華倖進之士，充斥於朝廷之上也。

良由英逸奇尤之才，含精於內，外無飾姿，苟聰鑒不足，則俊民與庸夫一概。至於虛華之人，碩言瑰姿，內實乖反，每被迷惑，故「非有獨見之明，專任衆人之譽，不以己察，不以事考，亦何由獲大賢哉？」（審大臣篇），流俗之觀，輿論之議，終不足恃，以間雜依似之流，夾混於其間也。此審大臣篇所云：

昔管夷吾嘗三戰而皆北，人皆謂之無勇；與之分財取多，人皆謂之不廉；不死子糾之難，人皆謂之背義。若時無鮑叔之舉，覇君之聽，休功不立於世，盛名不垂於後，則長爲賤大夫矣。

世必有伯樂方有千里馬，故眞人才，必待君人者之識拔，至於俗之毀譽，實缺乏客觀性、準確性。徐幹對君子之不遇於時，沒沒無聞，且受流俗之士裁抑，深致憤慨焉。審大臣篇云：

故君子不遇於時，則不如流俗之士聲名章徹也，非徒如此，又爲流俗之士所裁抑焉。高下之分，貴賤之賈，一由彼口，是以沒齒窮年，不免於匹夫。昔荀卿生乎戰國之際，而有睿哲之才，祖述堯舜，憲章文武，宗師仲尼，明撥亂之道，然而列國之君，以爲迂濶不達時變，終莫之肯用也。至於游說之士，騁其邪說，率其徒黨，而名震乎諸侯，所如之國，靡不盡禮郊迎，擁篲先驅，受賞爵，爲上客者，不可勝數也，故名實之不相當也，其所從來尚矣。

世之姦回諂諛，得售其詭計者，爲闇君之信僞迷眞也。反之，明君之所任皆貞良聰智，他們的智慧足以因應變局，故逢緊急時，能思考周密，因勢利導，指揮若定；對於眞僞利害的權衡，亦高人一籌。親之任之則或服冢、或排難，必業隆於當年，福流乎後世，足以長世安民矣。而識眞賢矣，還得誠心待之，使其樂爲所用，蓋賢者不可以貨使也。亡國篇云：

故明王之得賢也，得其心也，非謂得其軀也。苟得其軀而不論其心也，斯與籠鳥檻獸，無以異也。則賢者之於我也，亦猶怨仇也，豈爲我用哉！雖日班萬鍾之祿，將何益歟？

欲得賢者之心，必君人者先修明其身。亡國篇又云：

故人君苟修其道義，昭其德音，愼其威儀，審其教令，刑無頗僻，獄無放殘，仁愛普殷，惠澤流播，百官樂職，萬民得所，則賢者仰之如天地，愛之如親戚，樂之如塤篪，歆之如蘭芳，故其歸我也，猶決壅導滯，注之大壑，何不至之有？

君子擇主而事，遇暴虐之主，無道之君，則以其「容貌如魍魎，台殿如狴犴，采服如衰絰，絃歌如號哭，醇醴如滫滌，肴饌如糞土」，疾之已過，故遁隱唯恐不及。即使脅之以峻刑重戮，懷恐懼而出，亦杜口佯愚，苟免之不暇；或設利祿以誘之，則所獲者，亦僅爲小人，蓋「君子者，行不媮合，立不易方，不以天下枉道，不以樂生害仁，安可以祿誘哉？」此處徐幹痛切陳辭，似乎爲有感而發，此或即其隱遁不仕之原因。而百代之下，賢者去就之節，及人君用臣之義，悉在於是。徐幹又認爲光舉賢是不夠的，貴在能用他，使他能立言建策，而非供奉可也。亡國篇云：

> 凡亡國之君，其朝未嘗無致治之臣也，其府未嘗無先王之書也，然而不免乎亡者，何也？其賢不用，其法不行也，苟書法而不行其事，爵賢而不用其道，則法無異乎路說，而賢無異乎木主也。

良法不循，眞賢不用，則庶事隳矣。亡國篇又云：

> 夫遠求賢而不用之，何哉？賢者之爲物也，非若美嬪麗妾之可觀於目也，非若端冕帶裳之可加於身也，非若嘉肴庶羞之可實於口也，將以言策，策不用，雖多亦奚以爲？若欲備百僚之名而不問道德之實，則莫若鑄金爲人而列於朝，且無食祿之費矣。

賢者自不甘於被視爲「木主」、「金人」，所謂「用之則行，舍之則藏」，幹之懷貞良聰智也，而人主待以尋章摘句之雕虫，此志士之所不能忍也。徐幹一方面自顯心跡，一方面實懲漢季任用之不由其道也。同時，徐幹又提出「貴爵重祿」，以敦崇仕道。爵祿篇云：

> 爵以居有德，祿以養有功。功大者祿厚，德遠者爵尊；功小者其祿薄，德近者其爵卑，是故觀其爵，則別其人之德也，見其祿，則知其人之功也。

尊貴爵祿，即是重其人，高其位的表示，故古先王將建諸侯，須爵祿，必十分莊嚴隆重，「於清廟之中，陳金石之樂，宴賜之禮，宗人擯相，內史作策，吉士作頌」（爵祿篇）矜莊以涖之，由於上者之尊貴之，百姓自亦重之，而後威行令止，易奏其功。且爲臣者，亦朝乾夕惕，自感責任重大，而恐懼修省，官箴自然整飭矣。所謂「聖人之大寶曰位」，斯言不假。等到亂世，「文武之教衰，黜陟之道廢，諸侯僭恣，大夫世位，爵人不以德，祿人不以功，竊國而貴者有之，竊地而富者有之，姦邪得願，仁賢失志，於是則以富貴相詬病矣」（爵祿篇）。賤其人，斯賤其位；賤其位斯不愛其德、不重其道；不重其道斯不聽其言矣！不聽其言而思令行治成，殆如椽木而求魚耳！

(三) 愼賞罰

賞罰實爲維持國家秩序之要務，其當否，每關乎國之興衰存滅。故徐幹特以賞罰爲政之大綱，欲整飭萬民，固以賞罰爲鈐鍵也。賞罰篇云：

政之大綱有二，二者何也？賞罰之謂也。人君明乎賞罰之道，則治不難矣。夫賞罰者，不在乎必重，而在於必行，必行則雖不重而民肅，不行則雖重而民怠，故先王務賞罰之必行也。

信賞必罰，乃足以勸善懲惡，樹立威信。賞罰篇又云：

夫當賞者不賞，則爲善者失其本望，而疑其所行。當罰者不罰，則爲惡者輕其國法，而怙其所守，苟如是也，雖日用斧鉞於市而民不去惡矣，日錫爵祿於朝，而民不興善矣。是以聖人不敢以親戚之恩而廢刑罰，不敢以怨仇之忿而廢慶賞，夫何故哉？將以有救也。故司馬法曰：賞罰不踰時，欲使民速見善惡之報也，踰時且猶不可，而況廢之者乎？

賞罰分明，且當迅速，始得立竿見影之效。同時，「賞罰不可以疏，亦不可以數，數則所及者多。賞罰不可以重，亦不可以輕，賞輕則民不勸，罰輕則民亡懼。賞重則民徼倖，罰重則民不聊生。故先王明恕以德之，思中以平之，而不失其節」（賞罰篇），賞平罰當，使疏數、輕重合宜，則政理事淸，國治兵强矣。蓋人之性莫不惡罰而好賞，因人情之好惡而臨之以必行之賞罰，實可收到預期之效果，能敬愼以行之，則治國理民之道立矣。

(四) 斥虛僞

徐幹本正名責實之法，針對當時利口巧辯，交游結黨之習，非難之不遺餘力。今中論考僞、譴交、毀辯、貴驗諸篇，皆爲疾俗懲世之作。蓋大道陵遲，聖人不作，人倫之中不定，於是欺世盜名者，僞飾巧詐，生異端，造異術，不惜誣謠一世之人，徐幹對之深惡而痛絕，故厲聲以撻伐之。在此之前，即有劉梁作「破群論」，爲專對交游、結黨之歪風加以批斥；又朱穆作「絕交論」，亦爲矯正當時窃譽蔽過之弊者。以所處之時代、環境相近，面對的問題相同，故議論每亦不謀而合，所謂「同歸而殊途，一致而百慮」者即此也。

夫名實相符，則言而有徵，事而有驗，位稱其材，賞當其功。考僞篇云：

> 名者，所以名實也。實立而名從之，非名立而實從之也。故長形立而名之曰長，短形立而名之曰短，非長短之名先立，而長短之形從之也。仲尼之所貴者，名實之名也，貴名乃所以貴實也。夫名之繫於實也，猶物之繫於時也。

名實務求相符，則世之惑世盜名，離本趨末，譽以虛至，事以僞成，文同而實違、貌合而情遠者，皆無以遁其形矣。蓋「善惡要於公罪，而不淫於毀譽，聽其言而責其事，舉其名而指其實。故實不應其聲者謂之虛，情不覆其貌者謂之僞，毀譽失其眞者謂之誣，言事失其類者謂之罔，虛僞之行不得設，誣罔之辭不得行，有罪惡者無僥倖，無罪過者不憂懼，請謁無所行，貨賂無所用，民志定矣。」（荀悅前漢紀卷十、三游論）在舉名察實、聽言責事之下，則當時求名窃譽、僞託依倚之醜行畢現矣。考僞篇云：

> 今爲名者之異乎聖人也微，視之難見，世莫之非也；聽之難聞，世莫之舉也。何則？勤遠以自旌，託之以疾固。廣求以合衆，託之乎仁愛。枉直以取舉，託之乎隨時。屈道以弭謗，託之乎畏愛。多識流俗之故，粗誦詩書之文，託之乎博文。飾非而言訐，無倫而辭察，託之乎通理。居必人才，遊必帝都，託之乎觀風。然而好變易姓名，求之難獲，託之乎能靜。卑屈其體，輯柔其顏，託之乎溫

恭。然而時有距絕，擊斷嚴厲，託之乎獨立。獎育童蒙，訓之以己術，託之乎勤誨。金玉自待，以神其言，託之乎說道。

世之求名者，不惜「父盜子名，兄竊弟譽，骨肉相詒，朋友相詐」，以至乎無所不用其極矣。考僞篇又云：

其大抵也，苟可以收名，不必獲實，則不去也。可以獲實而不必收名，則不居也。汲汲乎常懼當時之不我尊也，皇皇爾又懼來世之不我尚也，心疾乎內，形勞於外。

徐幹本孔子斥鄉愿之語，批判當時一般求名而亂德，便巧比託之人，以其離本逐名也。夫求名者，聖人之至禁也，以其每使「眞僞相冒，是非易位」也！在此，偉長乃指出一條正路來，其言曰：

君子者，能成其心，心成則內定，內定則物不能亂，物不能亂，則獨樂其道，獨樂其道，則不聞爲聞，不顯爲顯，故禮稱君子之道，闇然而日章，小人之道，的然而日亡。（考僞篇）

誠信著體，則聲名自彰，所謂「篤行之則用日久，用日久則事著明，事著明則有目者莫不見也，有耳者莫不聞也，其可誣哉？故根深而枝葉茂，行久而名譽遠。」有其實，而後如有源之水，可以經方致遠也。

偉長又對當時浮華之士的「辯不入道」，加以指正之，其覈辯篇云：

俗士之所謂辯者，非辯也。非辯而謂之辯者，蓋聞辯之名，而不知辯之實，故目之妄也。俗之所謂辯者，利口者也。彼利口者，苟美其聲氣，繁其辭令，如激風之至，如暴雨之集，不論是非之性，不識曲直之理，期於不窮，務於必勝。……

偉長從而賦予「辯」以正確的概念，其言曰：

夫辯者，求服人心者也，非屈人口也。故辯之爲言，爲其善分別事類而明處之也，非謂言辭切給陵蓋人也。故傳稱春秋微而顯，婉而辯者，然則辯之言必約以至，不煩而諭，疾徐應節，不犯禮敎，足以相稱，樂盡人之辭，善致人之志，使論者各盡得其願，而與之得解，其稱也無其名，其理也不獨顯，若此則可謂辯。

他以爲君子之辯，在「明大道之中也，是豈取一坐之勝哉？」然而世俗愚闇者多，每被利口巧辭者所蠱惑，使一般「心足以見小數，言足以盡巧辯，給足以應切問，難足以斷俗疑」等喋喋不倦者大行其道。徐幹鑒於此弊，乃主張對「折言破律，亂名改作，行僻而堅，言僞而辯，記醜而博，順非而澤」，足以妖惑民心，儥亂至道者，繩之以重法。此說固可爲華而不實、口辯辭長、毀稱是非者之誡焉。

另外，當時又有一些專以鳩合爲務者，合黨連群，迭相歎揚，然追根詰底，祗爲名利計耳！中論譴交篇斥云：

世之衰矣，上無明天子，下無賢諸侯，君不識是非，臣不辨黑白，取士由鄉黨，考行本閥閱，多助者爲賢才，寡助者爲不肖，序爵聽無證之論，班祿采方國之謠，民見其如此者，知富貴可以從衆爲也，知名譽可以虛譁獲也，乃離其父兄，去其邑里，不修道藝，不治德行，講偶時之說，結比周之黨，汲汲皇皇，無日以處，更相歎揚，迭爲表裏，檮杌生華，憔悴布衣，以欺人主，惑宰相，竊選舉，盜榮寵者，不可勝數也。

桓靈之世，主荒政謬，自公卿以下，不恤王事，賓客爲務。其廣事交游，無非銜名逐利而已！此王符潛夫論務本篇所斥之：「今多務交游以結黨助，偸世竊名以取濟渡，夸末之徒，從而尙之，此逼貞士之節而衒世俗之心者也。」他們背實而趨華，「虛造空美，掃地洞說……虛張高譽，强蔽疵瑕，以相誑耀。

」（潛夫論實貢篇）其爭競之頹風，偉長皆一一加以揭露並痛斥之，其譴交篇云：

> 冠蓋塡門，儒服塞道，飢不暇餐，倦不獲已，殷殷沄沄，俾夜作晝，下及小司，列城墨綬，莫不相商以得人，自矜以下士，星言夙駕，送往迎來，亭傳常滿，吏卒傳問，炬火夜行，閽寺不閉，把臂扼腕，扣天矢誓，惟託恩好，不較重輕，文書委於官曹，繫囚積于囹圄，而不遑省也。

求勢逐利竟至於此，難怪社會之解體、政治之不經也。譴交篇又云當時「有策名於朝，而稱門生於富貴之家者，比屋有之」、「懷丈夫之容，而襲婢妾之態；或奉貨而行賂，以自固結，求志囑託，規圖仕進，然擲目指掌，高談大語，而不知耻者」，若此之類，徐幹皆嚴詞撻伐之。他認爲朋黨營私之習，一天不掃除，而欲政治之上軌道，殆不可得。蓋士大夫無耻，是謂國耻；交託之途盛，則倖進之門開，浮華之士，乘時而作，風教日衰，其國不亡者，未之有也。幹存有漢國典之苦心，及擿奸發僞之勇氣，實超邁時人。而後世之欲納民軌物者，固當以抑浮華、破朋黨爲要務也。

(五) 知民數

社會組織之嚴密，乃勞役平均，庶功興辦之保證，而欲組織嚴密，端賴戶口之清釐，故治國之本，在審民數，中論民數篇云：

> 治平在庶功興，庶功興在事役均，事役均在民數周，民數周爲國之本也。故先王周知其萬民衆寡之數，乃分九職焉。九職既分，則劬勞者可見，怠惰者可聞也。然而事役不均者，未之有也。事役既均，故民盡其心而人竭其力，然而庶功不興者，未之有也。庶功既興，故國殷富，大小不匱，百姓休和，下無怨疚焉，然而治不平者，未之有也。……迨及亂君之爲政也，戶口漏於國版，夫家脫於聯伍，避役者有之，棄捐者有之，浮食者有之，於是姦心競生，僞端並作矣。

戶口不飭，民籍無著，則彼此不能相保相愛，而出入存亡，臧否順逆無由知，姦僞乃肆機而興矣。民數篇又云：

故民數者，庶事之所自出也，莫不取正焉，以分田里，以令貢賦，以造器用，以制祿食，以起田役，以作軍旅，國以之建典，家以之立度，五禮用修，九刑用措者，其惟審民數乎？

積極方面，淸戶口而後事役得均，賦稅得入，並可以爲徵兵求才之憑藉，則國以富强，民以安定。消極方面，則姦僞不敢妄作，在嚴密之連保，合理之編制下，邪逆乃不得逞其惡謀，是戶政之健全，爲一切政事之基礎。由上可知徐幹因對世事的關心，故對當時政治社會之弊病，乃有如此深入的觀察與見解。

第五節　徐幹之教學思想

此處包括學與教兩方面爲說。首先謂爲學方面：徐幹認爲君子之成德立行，非天生使然，必待學而後成就。治學篇云：

學也者，所以疏神達思，怡情理性，聖人之上務也。民之初載，其矇未知，譬如寶在於玄室，有所求而不見，白日照焉，則群物斯辨矣。學者，心之白日也。

又云：

學猶飾也，器不飾則無以爲美觀，人不學則無以有懿德。有懿德，故可以經人倫。爲美觀，故可以供神明。……夫聽黃鐘之聲，然後知擊缶之細，視袞龍之文，然後知被褐之陋，涉庠序之教，然後知不學之困。故學者如登山焉，動而益高，如寤寐焉，久而愈足。

爲學之用，在開啓智慧，並宏大志向與胸襟。學之成就在美化人生。同時學還可發展人之潛力。治學篇

又云：

馬雖有逸足，而不閑輿則不爲良駿，人雖有美質，而不習道則不爲君子。

至於爲學的態度，徐幹首先强調立志。治學篇云：

故雖有其才而無其志，亦不能興其功也。志者，學之師也，才者，學之徒也。學者不患才之不贍，而患志之不立，是以爲之者億兆，而成者無幾，故君子必立其志。

同時更須堅持不懈，所謂「君子自强不息」者也。治學篇又云：

故君子之於學也，其不懈猶上天之動，猶日月之行，終身亹亹，沒而後已。

有恆不懈，此荀子勸學所謂：「鍥而不捨，金石可鏤。」「眞積力久則入，學至乎沒而後止也。」且須謙虛容納，虛道篇云：

人之爲德，其猶器歟？器虛則物注，滿則止焉。故君子常虛其心志，恭其容貌，不以逸群之才，加乎衆人之上。視彼猶賢，自視猶不足也。故人願告之而不厭，誨之而不倦。

謙受益，隨時取人之長，則日知其所無，終必有成。昔仲尼教學，擧一隅不以三隅反者，則不復也，故學者貴在能獨立思考，觸類旁通，演繹歸納，而貫徹其他大道理。治學篇云：

夫獨思則滯而不通，獨爲則困而不就，人心必有明焉，必有悟焉，如火得風而炎熾，如水赴下而流速，故太昊觀天地而畫八卦，燧人察時令而鑽火，帝軒聞鳳鳴而調律，倉頡視鳥跡而作書，斯大聖之學乎？神明而發乎物類也。賢者不能學於遠，乃學於近，故以聖人爲師。昔顏淵之學聖人也，聞一以知十，子貢聞一以知二，斯皆觸類而長之，篤思而聞之者也。……故六籍者，群聖相因之書也。

由類推法，以已知推未知，終悟出或貫通其他道理。至於爲學當取其大義而遺其小數，治學篇云：

> 凡學者，大義爲先，物名爲後，大義舉而物名從之。然鄙儒之博學也，務於物名，詳於器械，矜於詁訓，摘其章句，而不能統其大義之所極，以獲先王之心，此無異乎女史誦詩，內豎傳令也。故使學者勞思慮而不知道，費日月而無成功。

通儒與鄙儒之別，從爲學之著重點可覘。漢志云：「後世經傳，既已乖離，博學者，又不思多聞闕疑之義，而務碎義逃難，便辭巧說，破壞形體，說五字之文，至於二三萬言，後進彌以馳逐，故幼童而守一義，白首而後能言，安於所習，毀所不見，終以自蔽，此學者之大患也。」此偉長有懲鄙儒馳逐物名而立言也。蓋大義舉而物名從之，固不待拘拘於瑣碎章句，反遺其義理神髓，學術之不彰，由學者之捨本趨末也。

其次，再論教之方面：

徐幹倡儒家思想，故教育內容，亦遵古制。治學篇云：

> 先王立教官，掌教國子，教以六德，曰智仁聖義中和。教以六行，曰孝友睦姻任恤。教以六藝，曰禮樂射御書數，三教備而人道畢矣。

六德、六行以德行爲主，六藝則立功立事，以臻成德之科。三教具備，則可以培養一文質兼備之完美人格。至於學科則以六籍爲主，六籍即六經，書詩易禮樂春秋也，六經爲「群聖相因之書也，其人雖亡，其道猶存……勤心以取之，亦足以到昭明而成博達矣」（治學篇），人道畢由三教之備也。

至於教法，則注意因材施教也。必察其職業、個性，因勢利導。貴言篇云：

> 故君子非其人則弗與之言，若與之言，必以其方。農夫則以稼穡，百工則以技巧，商賈則以貴賤，

府吏則以官守，大夫及士則以法制，儒生則以學業。故易曰：「艮其輔，言有序」。不失事中之謂也。

言之有方，則聽者受益。由其言而尊其身，尊其身則重其道矣。如此循循然以誘之，則達到立教之目的。貴言篇又云：

> 故君子之與人言也，使辭足以達其知慮之所至，事足以合其性情之所安，弗過其任而強牽制也。苟過其任而強牽制，則將昏昏委滯，而遂疑君子，以爲欺我也。

此明教人應注意到順性利導，不能勉強。徐幹更發揮此說曰：

> 是以君子將與人語大本之源，而談性義之極者，必先度其心志，本其器量，視其銳氣，察其墮衰，然後唱焉以觀其和，導焉以觀其隨，隨和之徵，發乎音聲，形乎視聽，著乎顏色，動乎身體，然後可以發微而步遠，功察而治微，於是乎闓張以致之，因來以進之，審論以明之，雜稱以廣之，立準以正之，疏煩以理之，疾而勿迫，徐而勿失，雜而勿結，放而勿逸，欲其自得之也。故大禹善治水而君子善導人，導人必因其性，治水必因其勢，是以功無敗而言無棄也。

君子貴言正色，不失言不失人，教者必觀學者之反應，或開啓，或喻明，或疏解，或訂正……欲其自得，夫自得之則居之安，居之安則能左右逢源，應聲而解。教之功效乃顯。君子諄諄然誨人不倦，由此可窺一斑。

徐幹有鑒於當時年少之不以學問爲本，專以交遊爲業；及鄙儒之破碎大義，離析章句，學術風氣敗壞，每影響到政治社會結構之解體、國脉民命之動搖，故中論以「治學」爲首，欲學者落實用功，以聖人爲師，總群道以爲己用，使「出則元亨，處則立貞，默則立象，語則成文，述千載之上，若共一時，論殊俗之類，若與同室，度幽明之故，若見其情，原治亂之漸，若指已效」（治學篇），此卽明體適用、綜貫百家，詳考古今得失之故，洞悉典章風俗之本，術足以匡時，言足以救世之通儒也。（參考潘耒日知錄序）而世亂俗蔑之時，固仰賴通儒之力挽狂瀾、澄清天下也。

第六節　徐幹之哲學思想

徐幹生於世德之門，篤行體道，本儒家「修己以正人」之說，循循然善誘人。除了汲汲於世風之端正，國典的維繫外，對士行之敦勵，更視爲急務。蓋士任重而道遠，故須先明聖賢之體，日新其德，死守善道，至於吉凶禍福，固所不計也。

首先徐幹認爲君子行有不慊於心，當反求諸己，不自是自專，此謂「務本」，本立而後道生，一切德行由茲衍生。其次，成德君子須先修己，而後可以治人。所謂「服衆首重行道，止謗莫如自修」也。而修己之工夫，是先由外而內，君子正其衣冠，尊其瞻視，儼然人望而畏之，莊重其威儀，而後德充學固，可堪民之表率。反之，則見慢招怨矣。中論法象篇云：

> 夫法象立，所以爲君子，法象者，莫先守正容貌，愼威儀。……夫容貌者，人之符表也。符表正，故情性治，情性治，故仁義存，仁義存故盛德著，盛德著，故可以爲法象，斯謂之君子矣。

由符表之端正，以養成敬謹的習慣，大學曰：「誠於中，形於外，故君子必愼其獨也。」愼獨之始，卽在於敬。法象篇云：

> 人性之所簡也存乎幽微，人性之所忽也，存乎孤獨。夫幽微者，顯之原也。孤獨者，見之端也。胡可簡也！胡可忽也！是故君子敬孤獨而愼幽微，雖在隱蔽，鬼神不得見其隙也。

敬慎幽獨，則無媟嫚之言、苟且之行。法象篇又云：

> 君子無戲謔之言，言必有防，身無戲謔之行，行必有檢，故雖妻妾，不可得而黷也；雖朋友，不可得而狎也。是以不慍怒而教行於閨門，不諫諭而風聲化乎鄉黨。

能盡敬以從禮，則無慆慢之行，那麽，其「居身也謙，在敵也讓，臨下也莊，奉上也敬。」其交人也，「歡而不媟，和而不同，好而不佞詐，學而不虛行，易親而難媚，多怨而寡非，故無絕交，無畔朋。」（法象篇）視聽言動，以禮爲節，有方有常，故精神可愛，俯仰可宗，而後具萬夫之望焉。

又君子因時懔戒慎恐懼，憂志之有倦，故終身修德，「見人之善，懼我之不能修也，見人之不善，懼我之必若彼也。……」（修本篇）此「見善而遷，見不善而內自省」之德，即以自視不足而謙虛自守也。虛道篇云：

> 君子之於善道也，大則大識之，小則小識之，善無大小，咸載於心，然後舉而行之。我之所有，既不可奪，而我之所無，又取於人，是以功常前人而人後之也？……君子之所貴者，遷善懼其不及，改惡恐其有餘。

君子取人爲鑒，以觀得失，朝夕自儆，恐懼修省，其修德也，「始乎笄丱，終乎鮐背」，造次必於是，顛沛必於是，就在遷善改過之過程中，日新其德。貴驗篇言：

> 故君子服過也，非徒飾其辭而已！誠發乎中心，形乎容貌，其愛之也深，其更之也速如追兎，惟恐不逮，故有進業，無退功。

又云：

> 夫聞過而不改，謂之喪心，思過而不改，謂之失體，失體失心之人，禍亂之所極也，君子舍旃。周

書有言：人毋鑒於水，鑒於人也。鑒也者，可以察形，言也者，可以知德。小人耻其面之不如子都也。君子耻其行之不如堯舜也，故小人尙明鑒，君子尙至言。

君子採至言以修省，而至言必發乎賢者之口，故君子必求賢友，交友豈可不愼歟？貴驗篇云：

朋友之義，務在切直以升于善道者也。故君子不友不如己者，非羞彼而大我也，不如己者，須己而植者也，然則扶人不暇，將誰相我哉？

以友輔仁，故無友不如己者，貴驗篇云：

夫賢者，言足聽，貌足象，行足法，加乎善，奬人之美，而好攝人之過，其不隱也如影，其不諱也如響，故我之憚之，若嚴君在堂，而神明處室矣，雖欲爲不善，其敢乎？

是居得賢友，福之次也。尤有進者，徐幹針對一般腐儒之抱殘守缺，故特强調才智之足以立功立事也。此乃徐幹因時立教，重功用智能之端也。智行篇云：

士或明哲窮理，或志行純篤，二者不可兼，聖人將何取？對曰：其明哲乎！夫明哲之爲用也，乃能殷民阜利，使萬民無不盡其極者也。聖人之可及，非獨空行也，智也。

聖人用智任才，以圖民利民福，豈空言徒行者比！智行篇又云：

夫明哲之士者，威而不懾，困而能通，決嫌定疑，辨物居方，穰禍於忽杪，求福於未萌，見變事則達其機，得經事則循其常，巧言不能推，令色不能移，動作可觀，出辭爲師表。

賴才智之士，以解生民之倒懸。此孔子美管仲之能尊王攘夷，一匡天下，而不爲匹夫匹婦之爲諒也。故仁德君子，必兼智之行，而後始爲完人。蓋道德本身，無實質功效，必落在生活層次，因明哲之立事施爲，而後有功於民。準乎此，聖人因智以造藝，因藝以立事，故「藝者，以事成德也；德者，以道率身者也。」徐幹特別重視此足以「旌智飾能，統事御群」之藝，以爲不可偏廢。藝紀篇云：

藝者，德之枝葉也，德者，人之根幹也。斯二物者，不偏行，不獨立，木無枝葉則不能豐其根幹，故謂之瘣。人無藝則不能成其德，故謂之野。若欲爲夫君子，必兼之乎？

德爲質，藝爲文，既修其質，且加其文，文質彬彬，然後爲體全君子。考徐幹所言之藝指禮、樂、射、御、書、數六藝而言，人須具備此六藝，而後爲聖賢之器可就。藝紀篇云：

君子者非仁不立，非義不行，非藝不治，非容不莊。……君子者，表裏稱而本末度者也。故言貌稱乎心志，藝能度乎德行，美在其中而暢於四支，純粹內實，光輝外著。孔子曰：君子恥有其服而無其容，恥有其容而無其辭，恥有其辭而無其行。故寶玉之山，土木必潤，成德之士，文藝必衆。

綴事理繁，固賴藝也。此藝紀篇所云：

禮以考敬，樂以敦愛，射以平治，御以和心，書以綴事，數以理煩。敬考則民不慢，愛敦則群生悅，志平則怨尤亡，心和則離德睦，事綴則法戒明，煩理則物不悖。

精於六藝，庶幾爲彬彬君子矣，此卽人物之完成。此以德藝相待立說，實具獨到見解，大可補歷來以德治爲萬能之偏弊也！

徐幹特別强調一個人之精神生命，尤其是道德生命，他曾說：「夫形體者，人之精魄也，德義令聞者，精魄之榮華也，君子愛其形體，故以成其德義也。夫形體固自朽敝消亡之物，壽與不壽，不過數十歲，德義立與不立，差數千歲，豈可同日而語也哉！顏淵時有百年之人，今寧復知其姓名耶？……由此觀之，仁者壽，豈不信哉！」（夭壽篇）是重義輕死者，乃求仁而得仁，實可慶也。而君子之窮厄戮辱，死亡陷溺，實發聲揚芬、玉汝於成之前兆。幹以體悟道德生命之不朽性，故「隱居以求其志，行義以達其道」，仁以爲己任，藝以成其能。德行、文藝兼修，實帝王之佐，而道之不行，豈不惜哉！

結論

夫身沒而道存謂之不朽，徐子以德節爲世之師範；又宏倡儒術以期導世於淸平。著論指訐時短，討適物情，以匡風俗，他將感憤之情，化爲文理密察的時論（註五），充分表現了中國知識份子以天下爲己任的擔當。其立言垂後，以待將來之苦心，實令人敬佩。嗚呼！其言廣焉大矣，其德卓然偉矣！其人雖死，其道尙在！

【附註】

註一：顧炎武日知錄論兩漢風俗。

註二：徐幹之沈默，實衷心有痛也。他心存漢室之國典，故不願立於曹氏之朝。他又無意與曹操作正面衝突，如孔融之不虔於操，終至見誅，此實非明哲之計也！然而氣節德操又支持著他不做屈媚、躁競、趨附之勾當，故祇有稱疾自退了。

註三：楊載詩法家數云：「諷諫之詩，要感事陳辭，忠厚懇惻，諷諭甚切而不失性情之正，觸物感傷而無怨懟之詞，雖美實刺，此方爲有益之言，古人凡欲諷諫多借此以喻彼。臣不得於君，多借妻以思其夫，或託物陳喻以通其意，但觀漢魏古詩及前輩所作可見，未嘗有無爲而作者」。

註四：曹丕典論云：「桓靈之際，閹寺專命于上，布衣橫議於下，干祿者殫貨以奉貴，要名者傾身以事勢，位成乎私門，名定乎橫巷，由是戶異議，人殊論，論無常檢，事無定價，長愛惡，與朋黨。」風氣敗壞極矣。

註五：梁啓超言徐幹中論在古今著作之林，當具有很高的位置。

第五章　阮瑀學述

前　言

阮生於當時，以從容書記著名，無論大篇短章，操翰立就，是亦思速文密，具翩翩之盛者！然每不被曹植所稱，或以瑀材非諸人比？或於曹氏兄弟之爭，站在曹丕一邊耶？或以其製作寡傳耶？然阮瑀之名，每被其子阮籍所掩，蓋題材不廣，且乏奇恣雄俊之妙也。

大底阮瑀於七子中，是屬於比較優緩內歛的一位，其詩文缺少建安其他詩人那股感情噴薄的氣勢，此乃鍾仲偉列其詩於下品，而評之爲「平典，不失古體」的原因。其詩，每籠罩著那種對生命缺憾所引發的幽獨與感傷，而這種氣息，又影響了他的兒子阮籍。要之，阮瑀一生沒有轟轟烈烈的事功，爲文亦不以絢爛爲標，王夫之稱其「結構儉而擇言微」，差可近之。其「駕出北郭門行」一首，頗有漢風；文質論則雅有勁思，倘天假以年，得優遊述作，固足以成一家也。

第一節　阮瑀生平考略

據魏志卷二十一王粲傳後附瑀傳，知阮瑀字元瑜，陳留尉氏（今河南尉氏縣）人。世說新語注附陳留尉氏阮氏譜載嗣宗家世云：「一世敦。二世瑀，敦子，字元瑜，漢司空軍謀祭酒、記室。三世：熙，瑀子，武都太守；籍，瑀子，字嗣宗，晉步兵校尉。」瑀父敦之生平事蹟，已不可考，據竹林七賢論云：「諸阮前世皆儒學（註一），善居室，唯咸一家尚道棄事，好酒而貧。」阮咸爲阮籍之兒子，先世既以儒學稱，又廣宅第，其爲士族可知。世說新語任誕篇載：

阮仲容（戎）、步兵居道南，諸阮居道北；北阮皆富，南阮貧。……

是阮氏當爲陳留名望，至籍、咸輩始貧。上列阮瑀家世，下考阮瑀生平梗概：

東漢靈帝熹平年間（西元一七二～一七七年）阮瑀生。

本傳言「瑀少受學於蔡邕」，集解引文士傳言：「瑀少有儁才，應機捷麗，就蔡邕學，歎曰：童子奇眉，朗朗無双。」想經鄉先輩蔡邕「一言之褒」，而聲名大噪，按邕先是得罪中常侍而遠迹吳會十二年，及中平六年，靈帝崩，邕被卓威逼爲官，次年，從獻帝遷都長安，則瑀之從學於邕，當在邕遠迹吳地歸，而未爲卓所用之一、二年間。時瑀之年約在十歲左右，由此可推其生年，當在靈帝熹平年間。至於確實生年，則史傳未明，無以斷定。又按蔡邕本傳言其「好辭章、數術、天文，妙操音律。」則裴注引文士傳云瑀「善解音，能鼓琴」，及擅於文學，實自師承。

獻帝建安二年丁丑（西元一九七年）瑀不爲曹洪所屈。

本傳言：「建安中，都護曹洪欲使掌書記，瑀終不爲屈」。按曹洪本傳言洪征劉表，「破表別將於舞陽、陰葉、堵陽、博望，有功，遷厲鋒將軍，封國明亭侯，累從征伐，拜都護將軍。」征表在建安二年，封都護將軍不知何年，洪逼瑀大約在拜爲都護將軍後不久。按御覽二百四十九引典略云：「瑀以才自護，曹洪聞其有才，欲使答報書記，瑀不肯，榜笞瑀，瑀終不屈。」此却不言「都護」。裴松之注按魚豢典略、摯虞文章志並云「瑀建安初，辭疾避役，不爲曹洪屈，得太祖召，卽投杖而起。」此亦不言「都護」。或瑀時以書記名，洪征劉表，急須有人主管書記，則瑀不爲屈，當在建安二年前後。瑀之不爲洪所用，或因洪貪淫吝嗇故也。

建安三年戊寅（西元一九八年）應操召，爲司空軍謀祭酒。

御覽引典略於云瑀不爲洪所屈之後，緊接著說：「洪以語曹公，公知其無病，使人呼瑀，瑀終怖詣門，公見之曰：卿不肯爲洪，且爲我作之，瑀曰諾，遂爲記室」，本傳言：「太祖並以琳、瑀爲司空軍謀祭酒，管記室。」按建安元年，冬十一月曹操自爲司空，三年始置軍謀祭酒。文選李善注卽云召瑀爲司空軍謀祭酒，與陳琳共管記室，則瑀投操當在建安三年。至於其投操，乃被脅迫，懷怖懼，不得不應召，從典略之「終怖詣門」，可窺端倪。據文士傳云：「太祖雅聞瑀名，辟之不應，連年偪促，乃逃入山中，太祖使人焚山，得瑀，送至，召入，太祖時征長安，大延賓客，怒瑀不與語，使就伎人列，瑀善解音，能鼓琴，（瑀）遂撫弦而歌，因造歌曲曰：『奕奕天門開，大魏應期運，青蓋巡九州，在東西人怨，士爲知己死，女爲悅者玩，恩義苟敷暢，他人焉能亂？』爲曲既捷，音聲殊妙，當時冠坐，太祖大悅。」此裴松之注已考不得有逃入山中，焚之乃出之事。又瑀爲操作書與劉備、韓遂，此皆在入長安之前，而張隲云初得瑀在長安，此實乖戾；且瑀以十七年卒，太祖十八年策爲魏公，今云瑀歌舞辭稱大魏應期運，愈知其妄；且其辭云：「他人焉能亂」，了不成語，瑀之吐屬，必不如此。但由上可充分顯示瑀之出就操，實迫於威逼，殆非本志也。其老人詩、苦雨詩、駕出北郭門行，多述民艱，疑作於建安初年。（按洪飴孫曰：記室無員，第七品，太祖時置。）

建安十三年戊子（西元二〇八年）爲操作書與劉備。

按建安十三年六月，操自爲丞相。是年七月，操南征劉表。典略載曹操初征荊州，使瑀作書與劉備。御覽卷六百引金樓子亦云「劉備叛走，曹操使阮瑀爲書與備，馬上立成。」其紀征賦中云：（惟蠻荆之作仇兮，將治兵而濟河，遂臨河而就濟兮，瞻禹績之茫茫」，知爲征表時所作。

建安十四年己丑（西元二〇九年）爲操作書與孫權。

作書與孫權：初權兄策幷江東，魏武力未能逞，且欲撫之，以弟女配策弟匡，爲子彰娶孫賁女，及策薨，權遂西連蜀漢，結好劉備，故書與權。按書當作於赤壁之戰後，以文中有言：「昔赤壁之役，遭罹疫氣，燒舡自還，以避惡地，非周瑜水軍所能抑挫也。」據蜀書先主紀云：「群下推先主爲荆州牧，治公安，權稍畏之，進妹固好，先主至京見權，綢繆恩紀」，時爲建安十四年，故操以書與權，望得來同事漢也。此書卽阮瑀所作。張溥曰：「予觀彼書，潤澤發揚，善辨若轂，獨敍赤壁之敗，流汗發慚，口重語塞，固知無情之言，卽懸幡擊鼓，無能助其威靈也。」

建安十六年辛卯（西元二一一年）爲操作書與韓遂。

參加南皮之遊：以謝靈運擬魏太子鄴中集阮瑀一首有「南皮戲清沚」之句可知。按南皮在河北省南安縣東北，屬渤海郡，文帝暢遊南皮，在十六年五月仲夏（註二）。公讌詩或作於此時。其後，隨軍征馬超，爲操作書與韓遂：魏志武帝紀載馬超與韓遂、楊秋、李堪、成宜等叛。典略云：「及征馬超，又使瑀作書與韓遂，時太祖適近出，瑀隨從，因于馬上具草，書成呈之，太祖擥筆，欲有所定而竟不能增損。」瑀於西征馬超回鄴途中，過三良墓，弔古而作詠史詩。本傳言：「以軍國書檄，多爲瑀與琳所作，故琳徙門下督，瑀爲丞相倉曹掾屬。」瑀徙爲丞相倉曹掾屬或在征馬超歸來後，計功論賞而徙遷也。

建安十七年壬辰（西元二一二年）阮瑀卒。

本傳言瑀以十七年卒。時子阮籍才三歲耳。藝文類聚三十四魏文帝寡婦賦序曰：「陳留阮元瑜與余有舊，薄命早亡，每感存其遺孤，未嘗不愴然傷心，故作斯賦，以叙其妻子悲苦之情，命王粲等並作之。」按曹丕寡婦賦之文曰：「惟生民兮艱危，在孤寡兮常悲。人皆處兮歡樂，我獨怨兮無依，撫遺孤兮太息，俛哀傷兮誰告，三辰周兮遞照，寒暑運兮代臻，歷夏日兮苦長，涉秋夜兮漫漫，微霜隕兮集庭，燕雀飛兮我前，去秋兮既冬，改節兮時寒，水凝兮成冰，雪落兮翻之。傷薄命兮寡獨，內惆悵兮自憐。」（註三）王粲賦亦存，其文曰：「闔門兮却埽，幽處兮高堂，提孤孩兮出戶，與之步兮東廂，顧左右兮相憐，意悽愴兮摧傷，觀草木以敷榮，感傾葉兮落時，人皆懷兮歡豫，我獨感兮不怡，日晻曖兮不昏，明月皎兮揚暉，坐幽室兮無爲，登空床兮下幃，涕流連兮交頸，心憯結兮增悲。」曹丕、王粲與阮瑀交誼之敦篤，實可知也。而丕寡婦賦序稱瑀「薄命早亡」，想瑀之年當未過四十。元瑜沒，王傑作誄文曰：「既登宰朝，充我祕府，允司文章，爰及軍旅，庶績惟殷，簡書如雨，強力敏成，事至則舉。」瑀之宏才卓逸，不群於俗，從誄文中得到證實。子籍，字嗣宗，生三歲而喪父。籍「才藻艷逸，而倜儻放蕩，行己寡欲，以莊周爲模則，官至步兵校尉。」韋仲將曰：「仲宣傷於肥戇，休伯都無格檢，元瑜病於體弱……」其未能久壽，或「體弱」之故也。至於其作品，隋志有後漢丞相倉曹屬阮瑀集五卷；張溥百三家集錄阮元瑜集輯本一卷；嚴可均全後漢文輯本有紀征賦、止欲賦、箏賦、鸚鵡賦、謝曹公牋、爲曹公與孫權書、爲曹公與劉備書、文質論、弔伯夷文凡九篇，馮氏詩紀輯存樂府詩十篇。

第二節　阮瑀之才情、性格與政治立場

從首章阮瑀生平事略，知其先世以儒學稱，爲陳留豪族巨室；少懷異才，應機捷麗，蔡邕歎爲「童

子奇眉，朗朗無双」者，經過蔡邕一言之褒，想必早享盛名。則其少年時代，必過得相當幸福。又文士傳稱他「善解音，能鼓琴」，此一方面得自家學，一方面也受「妙操音律，好辭章」的蔡邕之影響。我們讀其「止欲賦」：「顏炯炯以流光，歷千代其無匹，超今古而特章」又言：「執妙年之方盛，性聰惠以和良，稟純潔之明節，後申禮以自防，重行義以輕身，志高尚乎貞姜」，很明顯的，阮瑀以自己之才調自負，故假淑女之貞良以比興。此時，他實懷著用世之志，他等待著知已之識拔，倘有人重用他，他將赴湯蹈火；爲了報答恩義，他可以不惜犧牲生命。此在其謝太祖牋：「一得披玄雲，望白日，惟力是視，敢有二心」已表露此心跡。

然而時之亂也，人命危淺，爲了避禍逃役，故不願爲官；時運不通，有才莫展，故憂傷難任。止欲賦云：「出房戶以躑躅，覩天漢之無津，傷匏瓜之無偶，悲織女之獨勤」，此「天漢無津」、「匏瓜無偶」與王粲登樓之「匏瓜徒懸」、「井渫莫食」同義，皆志有未濟也！至此，他唯有割捨榮進之心，只以彈琴詠歌、自得其性爲樂，其隱士詩云：

四皓潛南岳，老萊竄河濱，顏回樂陋巷，許由安賤貧，伯夷餓首陽，天下歸其仁，何患處貧苦，但當守明眞。

此「但當守明眞」的「眞」字，是一種自覺的價值，是天姿無虧的表示。又其「弔伯夷」文云：

……瞻望首陽，敬弔伯夷，東海讓國，西山食薇，重德輕身，隱景潛暉，求仁得仁，報之仲尼，沒而不朽，身沈名飛。

生既無虧，死亦何憾？此乃圓滿自足的生命，而阮瑀所追求的即此。其歌頌伯夷，乃本諸儒家說他讓位、「義不食周粟」也。孟子公孫丑篇云：「非其君不事，非其民不使，治則進，亂則退，伯夷也」，則或阮瑀亦存著「非君不事」之意也。故曹洪徵之不就，雖鞭笞亦不屈；及曹操「連見偪促」，終「惶怖詣門」，則其出，實因受脅迫，非出本願。因爲，他仍希望苟全生命於亂世，故不得不屈服於權豪，由上列諸種情況看來，阮瑀亦不黨於曹操之陰謀漢室也。

雖然，他被召爲軍謀祭酒，管記室，爲公文書檄之撰擬，但自從他被召的那一天起，在他的心中，就潛伏著很深的危懼感。這種危懼感，發爲好景不再的哀情及死亡況味的設想，確實是耐人尋味。張溥題詞云阮瑀：

悲風涼日，明月三星，讀其諸詩，每使人愁。

由於他不得已而俯首曹氏，大違本志，是以衷心感悴摧傷，竟無已時。倘若他有勇氣退隱避事，不過問政治是非，而以樂志驅愁，則心志乃有棲泊處，然而阮瑀就不能突破困局，儘讓愁苦啃蝕其心，其所以早亡，未可以說與其自傷無關也。他就是沒有曠放的豪情，也沒有剛烈之性，這是他痛苦的癥結所在，則徐楨卿所云：「阮生優緩有餘」，或即指此也。

第三節　阮瑀之文章風格

詩品稱阮瑀詩：「平典，不失古體」，此「平典」又見於詩品序：「爰及江表，微波尙傳，孫綽、許詢、桓（溫）、庾（亮）諸公，詩皆平典，似道德論，建安風力盡矣。」則「平典」當作素樸而不尙華麗解，也就是不以「慷慨任氣」取勝也。蓋「建安風力」，以「氣質爲體」，爲遒壯而激昂、以昭晰代纖密者；而平典則雅意深篤，二種風格迴別。文心雕龍明詩篇云：

建安之初，五言騰踊，文帝陳思，縱轡以騁節，王、徐、應、劉，望路而爭驅，並憐風月，狎池苑

　　，述恩榮，敍酣宴，慷慨以任氣，磊落以使才。……

劉勰這段記述建安詩壇的言論中，就未數及阮瑀；而在阮瑀的文質論裡，他主張「文虛質實」，這都可印證阮瑀詩病於體弱，風力不足也。

　良由世衰道微，兵燹流年，他的老師蔡邕之死於獄中，一定給他很大的刺激；還有被脅迫爲官，日懷危懼，使他的作品，充滿著生命之哀情、人世之虛幻。如怨詩：

　　民生受天命，漂若河中塵，雖稱百齡壽，孰能應此身，猶獲嬰凶禍，流落恆苦心。

以世情坎壈，故生「悲生」之概。在憂患意識之下，驚覺於生命之短暫，死亡之陰影，總是揮之不去，其老人詩云：

　　白髮隨節墮，未寒思厚衣，四支易懈怠，行步益疏遲，常恐時歲盡，魂魄忽高飛，自知百年後，堂上生旅葵。

這是宿命的悵惘，永恆的悲哀。「自知」二字，即是醒覺到人之老病而死，是一種過程，縱有大能，亦無法擺脫，生命之消息，本極無情。七哀詩云：

　　丁年難再遇，富貴不重來，良時忽一過，身體爲土灰，冥冥九泉室，漫漫長夜台，身盡氣力索，精魂靡所能，嘉殺設不御，旨酒盈觴杯，出壙望故鄉，但見蒿與萊。

此爲「百歲如流，富貴冷灰，大道日喪，誰爲雄才」（司空圖詩品）之悲慨也，故可稱爲自輓歌之開創者。「但見蒿與萊」與老人詩之「堂上生旅葵」，都以荒墳蔓草，擬寫「潛寐黃泉下，千載永不悟」之境界。人類悲懷的主因，乃是不能超越有限生命。而當老死之陰影，所造成的心靈困境已威脅到阮瑀的生活秩序，我們祇見其無以安頓其生命的痛苦與徬徨。在阮瑀的詩中，充斥著離別、勞瘁、窮厄的缺陷，配合著善述倫常的悲劇，充分的顯現亂世給文人內心烙下多麼深的傷痕，正因爲文人在面對茫昧之生命現象，一直都醒覺著，故得感受比別人更深沈的苦痛，這種愁思難懷，後來都遺傳給了阮籍，唯阮籍能痛定思痛，從而激發一股嶄新的生之勇氣。如阮籍之詠懷詩第三十三：

一日復一夕，一夕復一朝。顏色改平常，精神自損消。胸中懷湯火，變化故相招。萬事無窮極，知謀苦不饒。但恐須臾間，魂氣隨風飄。終身履薄冰，誰知我心焦。

同樣的主題，同是面對死的悲情中，但阮籍却能自我肯定，自我安頓，而從反省之中，醒覺過來，而有所把捉，以超拔此終古之悲，此阮瑀却未能達到。另外阮瑀之雜詩：

臨川多悲風，秋日苦清涼，客子易爲感，對此用哀傷。攬衣起躑躅，上觀心與房，三星守故次，明月未收光。鷄鳴當何時，朝晨尚未央，還坐長歎息，憂憂安可忘。

一顆孤絕的心靈，徹夜無眠，清醒的思索著人生。河漢星辰守故次，各得其所，相對的自己却飄泊無可栖止。以哀傷之難任始，仍以憂思之緜緜無絕終。當晨鷄之鳴，仍憂之又憂，日以繼夜，身心橫受折磨，這是天下失志者之苦心，亦詩人在時代苦悶重壓下的普遍心態。此詩與子桓雜詩：「漫漫秋夜長，烈烈北風涼，展轉不能寐，披衣起彷徨。彷徨忽已久，白露沾我裳。俯視清水波，仰看明月光。天漢迴西流，三五正縱橫。草虫鳴何悲，孤雁獨南翔，鬱鬱多悲思，緜緜思故鄉。願飛安得翼，欲濟河無梁，向風長歎息，斷絕我中腸。」可謂同調，或作於同時或同景色之下，曹丕詩雖波瀾較爲壯濶，但沒有阮瑀執愁不返之眞感情也。而阮籍詠懷第一首，亦十分類似：

夜中不能寐，起坐彈鳴琴。薄帷鑑明月，清風吹我襟。孤鴻號外野，翔鳥鳴北林，徘徊將何見，憂思獨傷心。

孤獨的面對自我，始覺生命之不堪，及無法令其歸眞返樸，無法結束漂泊之悲。阮籍作品中，其對生命之究竟所作的沈思反省與捕捉，實受其父阮瑀很深的影響，而二人之作品，興託未遠，旨義可測，實頗耐咀嚼。

第四節　阮瑀等詠史詩之旨意探討

建安諸子中，曹植有三良詩，王粲與阮瑀各有詠史詩，都是憫悼子車氏三子奄息、仲行、鍼虎的五言作品，大約爲同時所作。按張守節史記正義引括地志云：

> 三良塚在岐州雍縣一里故城內。（始皇本紀）

而秦穆公墓就在三良墓附近，括地志又言：

> 秦穆公塚在岐州雍縣東南二里。

至於秦始皇墓則在雍州新豐縣西南十里（亦見括地志），近於岐州。倘從北方南下，必先經過三良墓，秦穆公墓，然後至始皇墓。據曹植離思賦云：

> 建安十六年，大軍西討馬超，太子留監國，植時從焉。

按建安十六年冬十月，曹操率軍自長安北征楊秋，圍安定。秋降，復其爵位以撫其民人，十二月，自安定還，留夏侯淵屯長安。曹植於班師途中，從安定西南行過三良墓到秦始皇墓，是以曹植有三良詩及述行賦之作，一憑弔三良，一記始皇陵寢（註四）。

按史記秦本紀正義引應劭云：「秦穆公與群臣飲酒酣，公曰：生共此樂，死共此哀。於是奄息、仲行、鍼虎許諾，及公薨，皆從死。此黃鳥詩所爲作也。」歷代詠此事者多，有刺穆公，有刺三良，亦有言康公不應使三良從死，是陷父不義也。今曹、王之作，實悲三良之遭遇也，二人之作皆收入昭明文選，知爲一時佳構。曹植三良詩曰：

> 功名不可爲，忠義我所安。秦穆先下世，三臣皆自殘。生時等榮樂，既沒同憂患。誰言捐軀易，殺身誠獨難。攬涕登君墓，臨穴仰天歎。長夜何冥冥，一往不復還。黃鳥爲悲鳴，哀哉傷肺肝。

此專表三良，而不及穆公，正所以深責穆公。空中先下二語，是自道懷抱也，以曹植本亟思建功於時，却終不見用，是功名不可爲也。夫穆公本具雄略，非無所作爲之君也，而三良之從，却默默無聞，很明顯的是不曾給予三良有建功之機會，那麽「生時共榮樂」不過是宴飲賞賜之間而已！平日抑其才而弗用，不與共功名，却要以死後同患難，實非待臣之道。夫「殺身誠獨難」，三良之自殘從死，是雖功名未建，但忠義是做到了，曹植於登臨之際，自感於被曹丕責黜，功名不用說了，却未能從武帝於地下，則連忠義亦有虧焉。至此，他反而追慕三良，而恨自己之隱忍而偷生了。

其次談到王粲詠三良之作，亦隨軍西征馬超回鄴途中，過三良墓有感，與植、瑀並作的，但因個人境遇、地位、心思不同，故興感的角度亦有差異。王粲詠史詩云：

> 自古無殉死，達人共所知，秦穆殺三良，惜哉空爾爲。結髮事明君，受恩良不訾，臨沒要之死，焉得不相隨？妻子當門泣，兄弟哭路垂，臨穴呼蒼天，涕下如綆縻。人生各有志，終不爲此移，同知埋身劇，心亦有所施。生爲百夫雄，死爲壯士規，黃鳥作悲詩，至今聲不虧。

王粲詩四句正論，以「惜哉空爾爲」，點出不應殺良臣。或因孟德之好殺賢士，故仲宣託此以諷焉。此張溥所云：「孟德陰賊，好殺賢士，仲宣『詠史』，託諷『黃鳥』，披文下涕，幾『秦風』矣。三良之死，殆爲報恩，其行爲實具有荊軻、聶政俠烈之風，故言「生爲百夫雄，死爲壯士規」。然而堅定不移的犧牲生命，僅爲報「豢養」之恩，實令人覺得可惜。吳淇曰：「丈夫生世，亦欲得時、行志、勒勳、旂常，乃僅僅以報恩終，又爲三良惜也。」（六朝選詩定論），曹操「猜忌賢良，恩未受而誅已加」，魏祚之短，亦宜哉！

至於阮瑀詩，是對「恩義」之懷疑，其詩曰：

> 誤哉秦穆公，身沒從三良，忠臣不違命，隨軀就死亡。低頭闚壙戶，仰視日月光，誰謂此何處？恩義不可忘，路人爲流涕，黃鳥鳴高桑。

阮瑀首言「誤哉」！亦深責穆公也。「忠臣不違命」是有不得不赴義者。但人於面對墓壙的永恆黑暗，當此之時，有誰能篤其恩義耶？雖然，臣之事君，猶子之事父也，今穆公「死而棄民，殺其良以從」，而三良仍執恩義，以死相從，是亦時、位之不幸也。

曹植詠史實自鳴中懷；王粲則在託諷；阮瑀却推向無可奈何之時命。「壙戶」與「日月光」的强烈對比，是强調忠臣若「遵命」則將面對幽深不悟之壙戶；但「光明」的誘惑，使他心理須做劇烈的衝突掙扎。在此，「恩義」，是掙扎的焦點，祇因他們是「忠良」，執「恩義不可忘」之理，故「光明」也就可望不可及了，此實時命之大謬也。詠史詩雖述史事，但常默寓己意，以上三人詠三良之作，多含與託，實有補於世教焉。

第五節　阮瑀「駕出北郭門行」之表現意識

在中外文壇上，以描寫孤兒爲主題的作品很多。而從這些作品加以分析，發現孤兒的處境都極爲狼狽，他們或受盡後母之凌虐，或備嚐兄嫂之苦毒，他們的身心，受到無情的摧折，他們欲訴無門，自覺生不如死。尤其在衰亂之世，不合理的社會制度之下，夫妻、父子、兄弟每不相保，社會與倫理悲劇層出不窮。賢者獨能臨路遲迴，傷生民之無告，爲不平而慷慨放歌。經由他們的呼籲，社會乃改善而愈趨完滿和諧。在追求眞理、美善的道上，文人永遠是站在前端的。阮瑀「駕出北郭門行」，其辭曰：

駕出北郭門，馬樊不肯馳。下車步踟躕，仰折枯楊枝，顧聞丘林中，嗷嗷有悲啼。借問啼者誰？何爲乃如斯？親母舍我歿，後母憎孤兒，飢寒無衣食，擧動鞭捶施。骨消肌肉盡，體若枯樹皮，藏我空室中，父還不能知。上塚察故處，存亡永別離。親母何可見？淚下聲正嘶。棄我於此間，窮厄豈有貲？傳告後代人，以此爲明規。

從末句「傳告後代人，以此爲明規」，是知頗受漢樂府之影響，其箴規之意甚顯，此如孔雀東南飛之時人傷之，爲詩謝世人，「戒之愼勿忘」，同傷風敎之失也。

夫北郭爲墳場所在，應劭風俗通曰：「葬於郭北，北首，求諸幽之道」，到此，已是面對死亡陰影之暗示，古詩「驅車上東門，遙望郭北墓，白楊何蕭蕭，松柏夾廣路，下有陳死人，杳杳即長暮，潛寐黃泉下，千載永不寤」，由墳場－死亡歸處起興，到死亡本身問題，最後是人生短暫的感歎，所謂「人生到此，天道寧論？」及人生無常之覺悟。「踟躕」是內心怔忡，似有所感動的表現，而當他出北郭門時，必己心有不適，以此不適之心，在面臨累累荒塚之時，顯得愈加悵茫與頹喪。由心思之沈重，遲遲不肯行，則「馬樊不肯馳」已自在言中矣。而這時聲聲悲啼，亦是作者此時自身已有的感覺與衝動，二者之心，乃最能應合，以是在回車問啼兒之際，阮瑀已是「慷慨不可止」矣（註五）。作者應用啼聲，將鏡頭從冷曠的丘林，集中到一個孤兒身上。以「庶人無墳，樹以楊柳」（註六），而楊枝已枯零，是天寒歲暮，攀枝折條，已泫然欲泣矣。用了「顧」字，表示心有牽絆，以淒淒悲啼，動人心腑也。時交秋冬，孤兒因飢寒而啼嘶，此「嘶」字是慘怛梗惻，淚盡聲破之乾號也。一個孤兒，被周遭環境所憎惡與咀咒，被飢餓凍餒所折纏，甚而被莫名其妙的鞭敲捶打，這對純潔素樸、不可能對生命有深刻體悟的孩童，已矛盾的提前其對生命產生迷惑與失望。他們沒有親情，衣食匱乏，不時的皮肉之痛，都在他們的心靈深處，烙下不可磨滅的創痕，此乃「骨消」、「肉盡」的原因。在寒冷的空屋中，自然而然的回憶起曾擁有的親情，在品嚐生命的苦汁之餘，反抗意識頓然興起，於是破門而出，直奔其母親的墳塚，欲將滿腹的委屈，如崩堤似的向其亡母傾訴。然其母過去常仁惻，慰護有加，今則天人永隔，竟無一語慰解，忍心讓其幼兒，蒙受超出他所能負擔的苦痛。此時，也唯有「啼」、「嘶」，才能表達其欲絕的悲哀。當不斷如夢囈般的反覆呼喊其亡母：「獨獨棄我於此間」之際，把人世之悲慘，一股腦兒的哭出來了。「居生不樂，不如早去，下從地下黃泉」（孤兒行），只因「後母難與久居」一則微不足道的事件，在强烈鮮明的字眼與取鏡下，達到使人鼻酸的效果，並且成功的喚醒人類不忍人之心，此由「淚痕血點、凝綴而成」（沈德潛語）的社會悲劇，是別於敍酬宴、傷羈旅之外的有價值作品。

歷來評家都以此作受「孤兒行」及「婦病行」之影響，同是閔俗之作。而因「駕出北郭門行」通首以五言行之，是一限制，而孤兒行與病婦行則為雜言歌體，較易表達激盪的情緒，故徐楨卿云：「樂府往往敍事，故與詩殊。蓋敍事辭緩則冗不精，翩翩堂前燕，疊字極促，乃佳。阮瑀駕出北郭門行，視孤兒行太緩弱不逮矣。」比起孤兒行與病婦行，「駕出北郭門行」委實是緩弱不自然些，它欠缺迴翔曲折之妙。如孤兒行首云：「孤兒生，孤子遇生，命當獨苦，父母在時，乘堅車、駕駟馬，父母已去，兄嫂令我……春氣動，草萌芽……兄與嫂嚴，獨且急歸，當興校計。亂曰：里中一何譊譊，願欲寄尺書，將與地下父母，兄嫂難與久居。」先寫兄嫂惡薄，忽間以「春氣動、草萌芽」二句，筆勢忽然盪開，令讀者耳目心情，隨之一豁，然馬上又折回到終年忙累無暇日，兄嫂苛虐難共處之上。文情甚奇，或追寫，或正詠，自然生動，令人無下口處。又婦病行前寫重病的母親，臨終交待莫讓兒女受飢寒、鞭捶。及婦沒，兩三孤子「抱時無衣，襦復無裏……道逢親交泣不能起，從乞求與孤買餌……」則受飢寒可知也。詩中幷無一語及後母，但使人想見於言外。雖不一語正寫，但「不恤」之意，已在眼目矣。

夫「世治則室家相保，世亂則室家相棄」，一物失所，而知王政之失，疾痛之聲不聞，上何由知政之得失耶？詩足以觀風俗之盛衰，信哉！孤兒受苦，本尋常事，大家皆知，但必賴文人之舖敘，然後普遍的引起關懷與正視，文學之價值就在此，至於揭露後母施虐心理，兄嫂覇占祖產，則尚是餘事焉。

結論

阮瑀以書記「潤澤發揚，善辨若轂」，見重於魏朝。倘挾其「簡書如雨」，操「不能增損」一字之才，任爲行人，則足以折衝禦侮，立汗馬之功，然終身屈居記室，日領薄書，宜其抑鬱早凋也。衰世文人之悲哀，竟能發爲「優渥之言」，此子爲不朽矣！

【附註】

註一：世說新語賞譽篇注引杜篤新書云：「阮武，字文業，陳留尉氏人，父諶，侍中。」魏志杜恕傳注引阮氏譜：「武父諶，字士信，徵辟無所就，造三禮圖傳於世」。

註二：南皮之遊乃文帝爲五官中郎將時，按太平寰宇記曰：「魏書云：文帝爲五官中郎將，射雉于南皮，皆此地也。」丕與吳質書云：「每念南皮之遊……沈朱李於寒水」，可知當在夏天。

註三：曹丕另有「寡婦」詩一首：「霜露紛兮交下，木葉落兮淒淒。候雁叫兮雲中，歸燕翩兮徘徊，妾心感兮惆悵，白日急兮西頹。守長夜兮思君，魂一夕兮九乖。悵延佇兮仰視，星月隨兮天迴，徒引領兮入房，竊自憐兮孤棲。願從君兮終沒，愁何可兮久懷。」

註四：參閱黎活仁先生「鄴林遊獵見聞」考證。

註五：古辭「里中有啼兒，似類親父子，回車問啼兒，慷慨不可止」。

註六：出「白虎通」。

第六章　應瑒學述

前言

謝靈運擬魏太子鄴中集詩序言應瑒「汝潁之士，流離世故，頗有飄薄之歎」，此特表「汝潁之士」者，以郡望顯也。蓋漢魏許多名士，如陳仲舉出汝南，李元禮出潁川，又如潁川潁陰的荀氏、潁川長社的鍾氏，皆爲赫赫豪門，後荀爽與袁閬、孔融與陳群論汝潁人物之優劣，互以權貴、才望較高下也。而汝南應氏以七世顯貴，具以才學、著述稱名，故浸染爲儒學大族習氣，在「學優則仕」之情況下，他們對政途極具興趣與信心，然而時亂，終無法一展抱負，乃退而著述，以繼祖業。斐然美志，竟不克實現，忽化蒿萊，此志士之所痛也。爰攷其生平，表其詩文風格，以觀其志，末闡其文質論，以明其學術思想焉。

第一節　應瑒生平考略

魏志王粲傳後附瑒傳，其文甚略，僅「被太祖辟爲丞相掾屬，轉平原侯庶子，後爲五官將文學」數語耳。據華嶠漢書曰：「瑒祖奉，字世叔，才敏善諷誦，故世稱應世叔讀書五行俱下，著後序十餘篇。」後漢書應奉有傳，言其精思彊記，大將軍梁冀舉爲茂才，桓帝永興元年，拜武陵太守，招納武陵蠻，後坐公事免，延熹中，拜從事中郎，又破蠻賊，推功爲司隸校尉，糾舉姦違，不避豪戚，以嚴厲著名。黨事起，慨然以疾自退，追愍屈原，因以自傷，作感騷三十篇，數十萬言。袁山松書曰：「奉又刪史記漢書及漢記三百六十餘年，自漢興至其時（當在永壽、延熹間所著），凡十七卷，名曰漢事。」又以其所餘有關言論，仿劉向新序之例，別爲後序，有十餘篇。奉之先祖，亦皆公廉約己，明達政事，可知汝南應氏，世濟文雅，以才學名世也。

奉子**劭**，字仲遠，少篤學博覽，靈帝時舉孝廉，辟車騎將軍何苗掾，中平六年，官泰山太守。建安二年，詔拜**劭**爲袁紹軍謀校尉。以舊章堙沒，書記罕存，**劭**慨然歎息，乃綴集所聞，著漢官禮儀故事，凡朝廷制度，百官典式，多**劭**所立。又論當時行事，著中漢輯序等十一種，另撰風俗通義，以辨物類名號，釋時俗嫌疑，文雖不典，後世服其洽聞，實爲有功世道人心之作；又集解漢書，皆傳于時，後卒于鄴。

劭弟**珣**，字季瑜，司空掾，**珣**子即**瑒**也。後漢書應**劭**傳後云：

> 中興初，有應**嫗**者，生四子而寡，見神光照社，試操之，乃得黃金，自是諸子宦學，竝有才名，至**瑒**，七世通顯。（孝子傳所云幾同）

應**瑒**以數世通顯，且著作不絕，堪爲美談。故王僧虔孫筠與諸兒書論家世集，謂「史傳稱安平崔氏，及汝南應氏，並累世有文才」，除爵位蟬聯外，又世擅雕龍，文才相繼，門第實顯也。**瑒**有弟名**璩**，字休璉，亦博學好屬文，善爲書記，其詩多諷諭，言頗切時要，世共傳其百一詩。後爲侍中，典著作，以文章顯。子貞字吉甫，少以才聞，能談論，歷顯位。上明**瑒**之家世，次考**瑒**之生平。

瑒，字德璉，汝南（今河南汝南縣東南人）。曹植與楊德祖書云：「德璉發跡於此魏」，楊修答臨淄侯牋云：「應生之發魏國」，按汝南、潁川皆魏分也，故稱此魏。而言發跡，是早以文章享盛名也。

獻帝初平元年庚午（西元一九〇年）董卓亂，離鄉避亂。

按獻帝紀初平元年，卓聞山東兵起，乃徙天子都長安，悉焚洛陽宮廟。董卓傳又言盡徙洛陽人數百萬口於長安。二百里內，無復孑遺。應瑒家汝南，在洛陽東南，恐亦遭兵馬肆虐殘破，故跟著逃難。此可從曹植送應氏詩：「洛陽何寂寞，宮室盡燒焚，垣牆皆頓擗，荆棘上參天，不見舊耆老，但覩新少年，側足無行逕，荒疇不復田，遊子久不歸，不識陌與阡，中野何蕭條，千里無人煙」，言「遊子久不歸」，可知瑒曾離鄉也。及應氏返家，植想像其途中情事，而暗收傷亂於惜別之中，可見植與瑒璩兄弟頗能推心置腹也。

建安五年庚辰（西元二〇〇年）參與官渡之戰。

謝靈運擬鄴中集詩「應瑒」中云：「天下昔未定，託身早得所，官渡厠一卒……」，按建安五年，曹操與袁紹戰於官渡，紹敗走。時瑒爲操軍之一員兵卒，則其投操當在此年以前。或在避亂離鄉後，聞操都許，立制度，乃投之。

建安十二年丁亥（西元二〇七年）作撰征賦。

其賦云：「披廣路而北巡」，又曰：「悠悠萬里臨長城兮」。按建安十二年，操北征，出盧龍塞。

建安十三年戊子（西元二〇八年）參與赤壁之戰。

謝靈運擬鄴中集詩云：「烏林預艱阻」，按建安十三年十二月，曹操以舟師伐孫權，權將周瑜，敗之於烏林赤壁，然未知瑒以何身份參與此次戰役。

建安十五年庚寅（西元二一〇年）爲丞相掾屬。

瑒本傳云：「瑒，楨各被太祖辟爲丞相掾屬。」按操於建安十三年夏六月自爲丞相，其辟爲丞相掾屬，當在此年以後。而操於赤壁之戰後還譙，十五年下令求才，或以此時被辟爲丞相掾屬耶？

建安十六年辛卯（西元二一一年）爲平原侯庶子。

按魏志陳思王傳言建安十六年，封平原侯，十九年徙封臨淄侯，則瑒爲平原侯庶子，當在建安十六年到十九年之間。曹植有送應氏詩，作於建安十六年從征馬超，道經洛陽，見宮室焚滅，四野荒蕪，時應氏兄弟欲北上朔方，故贈詩送之。詩中有「願得展嬿婉，我友之朔方，親昵並集送，置酒此河陽」等句，足證應瑒於是年秋別洛北上，證以應瑒「侍五官中郎將建章台集詩」中有「往春翔北土，今冬客南淮，遠行蒙霜雪，毛羽日摧頹」等句，知瑒於建安十七年冬南歸。是年，應瑒又與諸子遊宴酬唱：謝靈運擬鄴中集詩云「應瑒」：「晚節値衆賢，會同庇天宇，列坐廕華榱，金樽盈清醑，始奏延露曲，繼以闌夕語，調笑輒酬荅，嘲謔無慚沮」，言「晚節値衆賢」，則應瑒之年，當不爲小矣。鸚鵡、車渠椀、馳射、迷迭等賦，當作於此時期。另外，他又作西征賦：是年，操征馬超，平關西。同作西征賦者有徐幹，植則作離思賦。

建安十七年壬辰（西元二一二年）轉爲五官中郎將文學。

本傳云：「後爲五官將文學」。按建安十六年，丕爲五官中郎將，直到二十二年立爲太子。應瑒之轉爲五官中郎將文學，與劉楨之轉爲平原侯庶子，剛是兩人之職相替換。公讌詩當作於此時或更前，按公讌詩乃陪曹氏兄弟遊宴而作，七子中王粲、阮瑀、應瑒、劉楨皆有公讌詩，舊引文選王粲公讌詩注云：「此侍曹操宴也，操未爲天子，故云公讌也。操以建安十八年春受魏公九錫之命。」此實誤也。因阮瑀亦有是作，而瑀卒於建安十七年，可知必在此年以前。

建安二十年乙未（西元二一五年）作楊柳賦。

按曹丕柳賦序云：「昔建安五年，上與袁紹戰於官渡，是時余始植斯柳，自彼迄今，十有五載矣。

感物傷懷，乃作斯賦。」同時作柳賦者，尚有陳琳、繁欽與王粲。

建安二十一年丙申（西元二一六年）作愁霖賦、西狩賦、神女賦、校獵賦。

曹丕愁霖賦云：「脂余車而秣馬，將車旋乎鄴都。」按魏志武帝本紀云「建安二十一年還鄴。」同時作愁霖賦的除曹丕、應瑒外，尚有曹植，又作西狩賦：其賦有「于是魏公乃乘輅驅。」按獻帝紀建安十八年策曹操爲魏公，錫以二輅，二十一年進公爵爲王，西狩賦當在操進王前所作。摯虞文章流別論云：「建安中，魏文帝從武帝出獵，賦，命陳琳、王粲、應瑒、劉楨並作」，應瑒爲西狩賦。瑒又作神女賦：據陳琳神女賦云：「漢三七之建安，荊野蠢而作仇……感詩人之攸歎，想神女之來遊」，同時作神女賦者除應瑒、陳琳外，尚有王粲。另有校獵賦，文學年表繫於此年。

建安二十二年丁酉（西元二一七年）以五官將文學終。

王粲傳：「幹、琳、瑒、楨二十二年卒。」曹植說疫氣云：「建安二十二年，癘氣流行，家家有殭尸之痛，室室有號泣之哀。」瑒即死於建安二十二年之疫癘也。魏太祖與吳質書云：「德璉常斐然有述作意，其才學足以著書，美志不遂，良可痛惜。」文心雕龍才略篇云：「應瑒學優以得文。」知瑒秉承家學，淵雅多識也。文心諧隱篇有云：「魏晉滑稽，盛相驅扇，遂乃應瑒之鼻，方於盜削卵。」雖滑稽之言，實可鉤勒應瑒之容貌不揚也。應瑒書函存者僅「報龐惠恭」一書耳！按應璩亦有與龐惠恭書：「頃見所上利民之術，植濟南之榆，栽漢中之漆」，龐氏或與應氏兄弟交篤，爲當時之一循吏也。應瑒之作品，隋志錄魏太子文學應瑒集一卷；嚴可均輯存文十八篇，馮惟訥詩紀輯存詩五篇。

第二節　應瑒文章之低迴風格

大抵建安諸子，其始也，無不以門第、才調自許而「猛志逸四海」，他們揮灑翰墨，則奇恣變化，蕩漾不可執著；發爲議論則辭理交至，善辯無方，他們都懷寶待時，爭先而恐後。及「良遇不値，伸眉無階」，雖欲奮飛，而精誠不暢，仍淪落文墨場，未了唯有「抑情自信」，漸縮斂進取之熱情，而趨向卑微謙退。然其自傷之意，則泛濫於篇章中。

我們讀應瑒的愍驥賦：「愍良驥之不遇兮，何屯否之弘移，抱天飛之神號兮，悲當世之莫知」、「懷殊姿而困遇兮，願遠跡而自舒，思奮行而驤首兮，叩纆紲之紛拏」、「涉通逵而方舉兮，迫輿僕之我拘；抱精誠而不暢兮，鬱神足而不攄……展心力於知己兮，甘邁遠而忘劬……時不遘乎良造，制御轡於常御兮，安獲騁於遐道？」很明顯的，應瑒以良驥自比，其志本在千里，倘遇良御，縱轡按節，得登峻坂；今則受控於常御之嚴策，動輒得咎，使此志不效，是以「意悽悷而增悲」（愁霖賦）矣。應瑒又以冠世之淑媛自比：「夫何媛女之殊麗兮，姿溫惠而明哲，應靈和以挺質，體蘭茂而瓊潔。……既榮麗而冠時，援申女而比節」然而「哀吾願之多違」，故「動哀響而餘歎」。此或在描寫絕色之美女中，抒發自己內心之鬱悶者。郭茂倩樂府詩集解題云：「美女者以喻君子，言君子有美行，願得明君而事之，若不遇時，雖見徵求，終不屈也。」是有以美女自喻，並存託求之意焉。在應瑒之詩中，經常以失群之鳥喻己之流離失守，如報趙淑麗：「有鳥孤棲，依鳴北林，嗟我懷矣，感物傷心」，又如最出名的「侍五官中郎將建章台集詩」云：

朝雁鳴雲中，音響一何哀，問子遊何鄉，戢翼正徘徊，言我塞門來，將就衡陽棲。往春翔北土，今多客南淮。遠行蒙霜雪，毛羽日摧頹，常恐傷肌骨，身殞沈黃泥，簡珠墮沙石，何能中自諧，欲因雲雨會，濯翼凌高梯，良遇不可値，伸眉路何階。

以遭亂離，有志不遂，故每自喻卑微，以孤雁寫其徬徨不可止之心情。使人未睹該雁，已先聞其鳴聲之「哀」，由此「哀」字，更直貫到底。瑒因董卓之亂，洛陽焚滅，被驅迫離鄉避難，及與諸文士交游，時已垂垂老矣，「遠行蒙霜雪，毛羽因摧頹」，則苦極可知。讀劉履選詩補註評此首建章台集詩所云，頗能切中肯綮：

此詩蓋作於朔方遠回之初，未領文學之日，乃借旅雁以自喻，言哀鳴聲中，斂翼而徘徊，殆將投喧噯之地而棲止焉。然向者流離轉徙，經涉難苦，則毛羽日至摧頹，每恐失身於汚濁卑賤之流，如以大珠雜於沙石，豈能與之諧處乎？故欲乘雲雨之會，洗濯其翼，奮飛於天衢之上而不可得。

此詩實成功的採用了象徵法。「往春翔北土，今冬客南淮」則知所行之遠，同時知所行之久矣。此與下「遠行蒙霜雪」相呼應。他企盼風雲之會，建功名於竹帛，圖揚眉吐氣之時，然公子之賞愛，僅止於飲酒伴遊，或贈和幾首詩賦耳，此實大失其千里來投靠之望（註一）。

論者以應瑒此詩「吞吐低徊，宛轉深至，意將宣而復頓，情欲盡而終含，務使聽者會其無已之衷，達於不言之表，此申訴懷來之妙術也。」（陳祚明采菽堂古詩選），所謂低徊者，即如河水之或見或伏，雖不見其澎湃，而澎湃之勢畢見矣。他在詩中，隱含結託之情，却不明說，而以「常恐」以下四句，先是自傷；下「良遇」二句，則切望也。然公子誠愛客矣，朝遊夕讌，彼此距離是那麽接近，而口口聲聲言文章爲不朽盛事，「榮樂止乎其身，未若文章之無窮」，是否示意這些文學侍從，當以文墨爲終身職志？以目前之地位爲滿足？他們且望且疑，故以結二句颺開，含蘊乃厚，此由雁之棲止，比自己冀獲知遇的心迹，是「實處皆虛」（張玉穀古詩賞析）也，故此詩與後之公讌詩累幅頌揚者殊科。方東樹昭昧詹言云：「（公讌詩）王粲工於干諂，公幹止於慕悅繁華，惟應瑒建章台作數句微存規意，必含此數詩而全觀之，乃見當日七子各極其一時才情意思，可以覘其所蘊蓄也。」謝榛四溟詩話云：「班姬託扇以寫怨，應瑒託雁以言懷，皆非徒作」。緣其比興寫志，擺脫公讌詩之常徑，而妙有波折也。

應瑒另有一首題爲「公宴詩」的，則爲到到地地陪曹氏遊宴的作品，我們實可想見當時曹氏父子會集群英，置酒高殿，援筆興文，騁才競作，較量勝負，傳杯樂飲，不醉不歸的場面，而在酒酣耳熱之後，又有太多的感觸。在他們遊賞暢飲，或隨行出獵，或觀看鬥鷄之時，確實是「寵辱皆忘」的；然而當沈靜細思時，則又寂寞難排，痛苦萬狀。他擅長於以旁託法寫抑鬱的隱衷，此即徐禎卿談藝錄所云的：「應瑒巧思逶迤，失之靡靡」也，如其別詩，或作於離鄉避難，投於曹軍時：

朝雲浮四海，日暮歸故山，行役懷舊土，悲思不能言，悠悠涉千里，未知何時旋。

又云：

浩浩長河水，九折東北流，晨夜赴滄海，海流亦何抽，遠適萬里道，歸來本有繇，臨河累太息，五內懷傷憂。

此寫思歸不得之情。夫百川入海，終有所歸，今臨河而見逝者如斯，是以「歎息腸內熱」，淺淺數語，自然入情。以河水起興，終喚起千古之悲懷。他於諸子中，固非以秀麗見長，然音調之悲切，頗有飄薄之歎，敍致欵曲，異於衆作，實自立一格矣。典論稱應瑒之文「和而不壯」，即因其以卑屈自持，處處隱含著悲情也。

至於應瑒之書翰，亦「文詞哀痛，千悲萬恨」（註二），同是傷切者。

其實，應瑒之賦較有可觀，嚴可均全後漢文錄存靈河賦、愍驥賦、愁霖賦、正情賦、撰征賦、西狩賦、馳射賦、迷迭賦、楊柳賦、鸚鵡賦、車渠椀賦等，另西征、校獵、神女賦，則以數句見存於水經注、初學記、太平御覽等類書中。又藝文類聚存弈勢一篇，即彈棊賦之屬，當時諸子亦多此類作品。上列諸賦，大半爲詠物敍情性質，偶有音節遒壯者，但大多爲短篇，頗饒深情，可見賦體已發展爲另一種注重性靈、漸脫鍼規作用之小賦矣。

司空表聖詩品十七「委曲」中云：「似往已迴，如幽非藏，水理漩洑，鵬風翱翔」，實可描述應瑒低迴之風格，蓋其勢似往，細察之，又已迴矣；其態如幽，詳驗之，又可見矣，如是往而復迴，若波紋之回旋起伏，時而搏翼奮飛，旋又急轉直下，可謂曲折盡致矣（註三）。

第三節　應瑒「文質論」探義

夫文質之兼顧，乃事物之最高標準，雖歷來對文質所付予的內涵，代有變易，但無論用在那方面，過與不及，皆非上乘。如用以論人，自以聖人爲人倫之極，而人稟陰陽以立性，唯聖人淳耀，「能兼二美，知微知章」（人物志九徵篇）；用以論文，則以古詩爲美，以其華實無別，渾然天成，也就是以文中有質，質中有文者爲上乘也。今按藝文類聚卷二十二人部質文一章，選錄了阮瑀與應瑒文質論之全文，除了這兩篇文章外，其所引錄皆未提及文質二字，而既已收入人部，則顯然是與「人」有關的。原來古人品評人物，常以文、質代表該人是否善於辭令，如孔子曰：「質勝文則野，文勝質則史，文質彬彬，然後君子」（雍也篇）；又顏淵篇子貢曰：「惜乎孔夫子之說君子也，駟不及舌，文猶質也，質猶文也；虎豹之鞟，猶犬羊之鞟。」此皆就言辭立論。則凡剛毅木訥者爲質，能言善辯者爲文，品評人物，往往是根據言談而下斷語。

另外，文質又可作爲政教風尙繁簡之區分，凡崇尙黃老一派，不尙浮華文飾者爲質；反之，隆禮與樂，制度繁興者爲文。藝文類聚又引：「漢書曰：曹參代蕭何爲相國，無所變更，壹遵何之約束，日夜飲酒，不事朝政，參子窋諫參，參笞之兩百，惠帝讓參，參免冠謝曰：高帝與蕭何定天下，合法旣明具，陛下垂拱，參等守職，遵而勿失，不亦可乎？帝曰：善。百姓歌之曰：蕭何爲法，講若畫一，曹參代之，守而勿失，載其淸靜，民以寧一。」由此更推及政教之得失，改朝換代之解釋。如禮記表記云：「孔曰：虞夏之質，殷周之文，至矣。虞夏之文，不勝其質，殷周之質，不勝其文。」文質迨周而復始，如四時之更迭。此文心時序篇所云：「時運交移，質文代變，古今惟理，如可言乎？」那麽「時彌質則文之以禮，時泰侈則救之以質」，質文循環，窮則相承，改朝換代，莫不援之以證，如殷質而周文，秦質而漢文即是。甚至一個朝代裡面，帝王始起，莫不尙質，俟規模已立，漸有文章；及社會虛華，造成弊端，而后有人起而抑文尙質、廢奢崇儉。世之質文，隨教而變，華實異趨，唯用所安。明乎此文質內涵之遞變，而後能把握阮瑀、應瑒文質論之底蘊，對於此二文之知解，實頗有助益焉。

文心雕龍序志篇云：「詳觀近代之論文者多矣，至於魏文述典，陳思序書，應瑒文論，陸機文賦，仲洽流別，宏範翰林，各照隅隙，鮮觀衢路……魏典密而不周，陳書辯而無當，應論華而疏略，陸賦巧而碎亂，流別精而少巧，翰林淺而寡要」可知應瑒文質論亦有名於時，至於「華而疏略」之評，或因但汎擧雅俗之旨耳，未能觀瀾索源也。然應瑒「學優以得文」（文心才略篇），其文質論，强調文質兼顧，語多可採，故嘗試與阮瑀之論相互比較焉。

按阮瑀亦有文質論，不見稱於劉勰者，或以一味尙質，與劉勰觀點異也！阮瑀卒於建安十七年，其文質論當成於此年之前，而確實寫作年代則不可考。然揆此二文之內容，則似乎是阮瑀之作在前，應瑒針對阮瑀之論，提出反對意見。茲爲討論方便，先引阮瑀文質論：

蓋聞日月麗天，可瞻而難附，群物著地，可見而易制，夫遠不可識，文之觀也。近而得察，質之用也。文虛質實，遠疏近密，援之斯至，動之應疾，兩儀通數，固無攸失。若乃陽春敷華，遇衝風而隕落，素葉變秋，既究物而定體。麗物若僞，醜器多牢，華璧易碎，金鐵難陶。故言多方者，中難處也；術饒津者，要難求也；意弘博者，情難足也；性明察者，下難事也。通士以四奇高人，必有四難之忌；且少言辭者，政不煩也；寡知見者，物不擾也；專一道者，思不散也；混濛蔑者，民不備也。質士以四短違人，必有四安之報，故曹參相齊，寄託獄市，欲令姦人有所容立，及爲宰相，飲酒而已！故夫安劉氏者周勃，正嫡位者周勃，大臣木强，不至華言，孝文上林苑欲拜嗇夫，釋之前諫，崇敦朴，自是以降，其爲宰相，皆取堅强一學之士，安用奇才，使變典法。

阮瑀以「文虛質實」，故不尙華言奇才，此或針對當時社會逐漸走向虛華，人才亦多利口善辯、僞飾巧詐的風氣而發？或曹操爲變典法，屢次下令求才，阮瑀提出斯論，欲有所砭規乎？他反對言多方、術饒津、意弘博、性明察，而趨向道家專一靜篤、棄知守拙的尙質派。至於應瑒文質論，則頗强調言辯、禮智、文彩的重要，以朝章國典，端賴乎文，故文質實等量齊觀：

二政代序，有文有質……夫質者端一玄靜，儉嗇化利用，承清泰，御平業，循軌量，守成法；至乎應天順民，撥豪夷世，摛藻奮權，赫弈丕烈，紀禪協律，禮儀煥別，覽墳丘於皇代，建不刊之洪制，顯宣尼之典教，探微言之所弊，若夫和氏之明璧，輕縠之袿裳，必將遊玩於左右，振飾於宮房，豈爭牢僞之勢，金布之剛乎？

此明是針對阮瑀「麗物若僞，醜器多牢，華璧易碎，金鐵難陶」而加以反擊之論。他先肯定禮儀煥采、美麗之文具有獨立價值，其下並列舉許多辯士對國家之貢獻，其言曰：

且少言辭者，孟僖所以不能答郊勞也；寡智見者，慶氏所以困相鼠也。……高帝龍飛豐沛，虎據秦楚，唯德是建，唯賢是與，陸酈摛其文辯，良平奮其權譎，蕭何創其章律，叔孫定其庠序，周樊展其忠毅，韓彭列其威武，明建天下者，非一士之術，營宮廟者，非一匠之矩也。……夫諫則無義以陳，問則服汗沾濡，豈若陳平敏對，叔孫據書，言辨國典，辭定皇居。……

是以應瑒譏阮瑀「棄五典之文，闇禮智之大，信管望之小，尋老氏之蔽」爲「循軌常趨，未能釋連環之結」也。最後他歸結言「質者之不足，文者之有餘」，即是文質並重說也。

應瑒與阮瑀之論，皆由日月山川之麗天煥綺說起：如應瑒文質論首云：「皇穹肇載，陰陽初分，日月運其光，列宿曜其文，百穀麗於土，芳華茂於春，是以聖人合德天地，稟氣淳靈，仰觀象於玄表，俯察式於群形，窮神知化……」此溯源于剖判，造分天地，與文心原道篇云：「文之爲德大矣，與天地並生」實同一理路。蓋日月山川皆「道之文」，傍及萬品，一切之動植物無非文，今「形立則章成，聲發則文生」，鼓天下者存乎辭。是由天文而人文，而文學，逐次轉化類比，而推此本乎天地以說文質、以說文源，實出乎易經，蓋天地影響作者，作者擬寫天地，此「質法天、文法地」（白虎通三正篇）之說的本源也，文章法天地，則文質轉進發展爲論文章，乃十分自然，從此文質乃成爲論文的兩個綱領。黎活仁先生云：「古時品評人物往往是根據言談，而後世人品評古人也就必需賴文字記錄下來的古人言談了。中國古代並沒有現代所謂文藝創作的觀念，到三國曹丕的典論論文出，才開始有專爲文學而創作的想法；把文字記錄下來的古人言談，當作文學作品來看待，是三國以後的事……」（註四）文質—即文學之內容與形式問題，是在文學之價值被肯定，專思爲文的文藝創作家出現後，才成爲論文的兩大綱領，而劉勰是將文質由論人發展到論文的功臣。根據以上解析，或可闡述阮瑀、應瑒文質論之理論根據，對文質的內涵，才不拘執於後代專論的文學上，從而解決歷來文評家所言阮、應二人文質論是「討論文化上的文質問題，不是討論文學上之文質問題」等疑惑（註五）。

文心情采篇云「夫水性虛而淪漪結，木體實而花萼振，文附質也。虎豹無文，則鞹同犬羊；犀兕有皮，而色資丹漆，質待文也。」此文質相待之說，雖遠溯孔子之言「文質彬彬」，實近參應瑒之文質並重說也。應瑒配合時潮，推崇辯士，所作之論，稱名於當時，實有由矣。

結論

夫「徐、陳、應、劉」之目，見稱於世，然應瑒以感傷流離，語調低迴，屬個人的遭際，鮮時代的呼聲，故稍缺壯采。倘其「學優」、加上斐然之思，得繼祖先撰述之業，以著作等身終，必有所成，而美志不遂，是千古之憾焉。

【附註】

註一：吳淇六朝選詩定論云建章台集詩，實本於周公「鴟鴞」之詩，此詩不惟代雁爲詞，却妙在又寫出許多姿態也。

註二：庾信傷心賦序云：至若曹子建、王仲宣、傅長虞、應德璉、劉滔之母，任延之親，書翰傷切，文詞哀痛，千悲萬恨，何可勝言。

註三：參閱蕭水順先生「司空圖詩品注釋」。

註四：黎活仁先生「鄧林遊藏見聞」。

註五：如羅根澤等文學批評史。

第七章　劉楨學述

前言

詩品以五言詩自陳思以下，楨稱獨步，以其賦性卓犖，故詩亦跌宕清勁，以氣取勝，所謂「語與興驅，勢逐情起，不由作意，氣格自高」（皎然詩式），深得壯麗之體。其特色是直書胸臆，挺挺自持；與王粲之文秀質羸，綺靡傷情者，適成鮮明對比，一剛一柔，一質一文，充分顯現個性之影響文風。今就其所存詩賦，加以研析，尋流照原，凸顯其風格，並與王粲詩作比較，從而給予一平允之評價，末則論其「文氣」之說，俾印證其詩風焉。

第一節　劉楨生平考略

據文士傳云：「楨父名梁，字曼山，一名恭，少有清才，以文學見貴，終於野王令。」又後漢書文苑傳劉梁本傳云：

劉梁，字曼山，一名岑。東平寧陽（今山東東平）人。梁，宗室子孫，而少孤貧，賣書於市以自資。常疾世多利交，以邪曲相黨，乃著破群論，時之覽者，以爲仲尼作春秋，亂臣知懼。今此論之作，俗士豈不愧心？其文不存。又著辯和同之論……桓帝時，舉孝廉，除北新城長……乃更大作講舍，延聚生徒數百人，朝夕自往勸誡，身執經卷，試策殿最，儒化大行，此邑至後，猶稱其教焉。特召入，拜尚書郎，累遷，後爲野王令，未行，光和中病卒，孫楨，亦以文才知名。

後漢書劉梁傳以楨爲梁孫，文士傳則以梁爲楨父，未知孰是。考其生平，則以楨爲梁孫較是。又梁本傳言一名岑，文士傳則言一名恭，按既字爲曼山，則「岑」爲是，或同時有二名耶？其辯和同論，旨義本乎論語「周而不比，和而不同」之句，而議論宏綽，可言而誦，可遵而行，實有裨於世道人心也。楨受家學薰冶，故自少即揚聲顯名。據御覽三百八十五引文士傳曰：

楨少以才學知名，年八、九歲，能誦論語，持論及詞賦數萬言，警悟辨捷，所問應聲而答，當其詞氣鋒烈，莫有折者。

「公幹振藻於海隅」斯言不假。然楨之生平事蹟，僅附於王粲傳後，寥寥數語，以致於無由考知其生年；且其出仕期間甚短，所任亦僅文學侍從之官，未居顯職，交游不廣，未能援以證印其行誼，此可惜者。楨，字公幹，東平人。在未被徵辟前，乃貧居晏里，窮研墳籍，爲修身待時之時期。他以宗室之後代，淪飄許京，而亟思奮起，施展長才，從其「贈從弟詩」中有云：「何時當來儀，將須聖明君」之語，則可推其歸操前之心態。

獻帝建安九年甲申（**西元二〇四年**）**隨操軍攻鄴**。

謝靈運擬鄴中集詩劉楨一首云：「北渡黎陽津」，九年，操與袁軍相持於黎陽，時楨或已入幕。

建安十一年丙戌（**西元二〇六年**）**隨軍東征管承**。

魏志武帝紀云：「（建安十一年）秋八月，公東征海賊管承，至淳于，遣樂進、李典擊破之，承走入海島」。劉楨有一詩爲北堂書鈔所引：「旦發鄴城東，暮次溟水旁，三軍如鄧林，武士攻蕭莊」末句有作「劍戟凜秋霜」者，按操拔鄴城至建安二十二年劉楨去世止，僅征管承一役爲向東用兵，而楨或躬與此行。

建安十三年戊子（西元二〇八年）爲丞相掾屬。

據劉梁傳注言魏志云劉楨爲司空軍謀祭酒，然考魏志則稱：「瑒、楨各被太祖辟爲丞相掾屬」，被召爲司空軍謀祭酒的當爲陳琳、阮瑀，則劉梁傳注所引不知何本耶？或楨於辟爲丞相掾屬前，曾與琳、瑀同被任爲司空軍謀祭酒耶？按曹操於建安十三年自爲丞相，楨被辟爲丞相掾屬，當在是年或以後。劉楨贈五官中郎將詩云：「昔我從元后，整駕出南鄉，過彼豐沛都，與君共翺翔。」李善注：「元后，謂曹操也。至南鄉，征劉表也。」操於建安十三年秋七月，自將征表，楨從行，則時已入幕爲丞相掾屬矣。又謝康樂擬鄴中集詩「劉楨」：「招納厠群英，北渡黎陽津，南登紀郢城……」張銑注曰：「北渡謂從太祖征袁紹，南登謂從征劉表。」按操於七年破袁紹後，八年五月還許，留賈信屯黎陽，八月征劉表，十月還至黎陽爲鄘戴公子整與譚結婚。倘此二事楨皆從行，則楨之從操當在建安初年，則其被任爲司空軍謀祭酒，實頗有可能。楨有黎陽山賦：「自魏都而南邁，迄洪川以揭休，想王旅之旌旌，望南路之遐修，御輕駕而西徂……」此或爲謝靈運擬劉楨詩之所本也。

建安十六年辛卯（西元二一一年）爲五官中郎將文學。

典略云：「劉楨，字公幹，東平寧陽人，建安十六年，世子爲五官中郎將，妙選文學，使楨隨侍太子。」（世說新語言語篇注）王粲傳注引魏略言：「河北平定，五官將爲世子，質與劉楨等並在坐席。」文選六臣注云：「魏文帝初爲五官中郎將，副丞相，文帝來視楨疾，去後，楨賦詩以贈之，謂未即帝位時也。」此楨贈五官中郎將四首五言詩之作也。典略曰：「文帝嘗賜楨廓落帶，其後師死，欲借取以爲像，因書嘲楨云：夫物因人爲貴，故在賤者之手，不御至尊之側，今雖取之，勿嫌其不反也。楨答曰：楨聞荊山之璞，曜元后之寶；隨侯之珠，燭衆士之好；南垠之金，登窈窕之首；鼲貂之尾，綴侍臣之幘，此四寶者，伏朽石之下，潛汙泥之中，而揚光千載之上，登彩疇昔之外，亦皆未能初援於至尊也。夫尊者所服，卑者所修也。貴者所御，賤者所先也。故夏屋初成，而大匠先立其下，嘉禾始熟，而農夫先嘗其粒，恨楨所帶無他妙飾，若實殊異，尚可納也。」其辭旨巧妙，皆如是，由之特為諸公子所親愛。曹丕建安諸序云：「李尤字伯宗，少有文章，賈逵薦尤有相如、揚雄之風，拜蘭台令史，與劉楨等共撰漢紀。」則劉楨為五官中郎將文學，曾參與漢紀之撰作也。典略又云：「其後太子嘗請諸文學，酒酣坐歡，命夫人甄氏出拜，坐中衆人咸伏，而楨獨平視，太祖聞之，乃收楨。」太平御覽卷四百六十四引文士傳曰：「文帝嘗請諸同好為主人，使甄夫人出拜，坐者皆伏，而楨獨平視如故，武帝使人觀之，見楨，大怒，命收之，主者案楨大不恭，應死，減一等，轉作部使磨石，武帝嘗輦至尚方觀作者，見楨故環坐正色，磨石不仰。武帝問曰：『石如何！』楨因得喻己自理，跪對曰：『石出自荆山元巖之下，外有五色之章，內含卞氏之珍，磨之不加瑩，雕之不增文，稟氣堅貞，受性自然，顧理枉屈，紆繞不得申。』武帝顧左右大笑，即日還宮，赦楨復署吏。」據水經穀水注引文士傳，則與太平御覽所引略異：「文帝在東宮也，宴諸文學，酒酣，命甄后出拜，坐者咸伏，惟劉楨平視之，太祖以為不敬，送徒隸簿。後太祖乘步牽車乘城，降閱簿作，諸徒咸敬，而楨拒坐，磨石不動，太祖曰：『石如何性？』楨曰：『石出荆山玄巖之下，外炳五色之章，內秉堅貞之志，雕之不增文，磨之不加瑩，稟性自然。』太祖曰：『名豈虛哉！』復為文學。」水經穀水注言聽訟觀西北，援華林隸簿，昔劉楨磨石處也。磨石處在洛陽，而不在鄴之故，據黎活仁氏認為楨時隨操征馬超（建安十六年秋七月），至洛陽，平視甄夫人，事為操所聞，乃就地送洛陽監獄，及操班師（十七年正月間），聞楨巧妙陳詞，遂復為文學之職。楨受刑乃因「平視」甄后，沈欽韓曰：「曲禮注，平視謂視面也。」王鳴盛曰：「後世文人浮華輕薄之習。曹丕命甄夫人出拜，劉楨平視之，又命吳質諦視郭后，一時風氣流蕩如此」。胡應麟詩藪外篇卷一云：「公幹坐平視甄后，幾死吏議，恆疑子桓不怒，而魏武收之，偶讀裴松之所引吳質傳云：文帝嘗召質歡飲，酒酣，命郭后出見，謂質曰：卿諦視之，則知楨之平視甄后，踵迹茲言耳。質事當在楨前，若楨事發後，無論質，子桓敢爾邪？」按甄后賜死於黃初二年六月，郭后立於黃初三年，胡應麟竟未考史實，夫文帝之不怒楨者，是交好而不聞其過也；至於曹操，於建安九年破鄴城得甄夫人，本欲納爲己有，及知丕亦愛之，乃予丕，操或眷懷之，故怒楨之不敬也。據世說新語言語第二云：「劉公幹以失敬罹罪，文帝問曰：卿何以不謹於文憲？楨答曰：臣誠庸短，亦由陛下網目不疏。」按操時爲丞相，丕爲五官中郎將，罪楨者爲操，故問者當爲操，公幹正謂魏武網目不疏也，實與文帝無與。又楨於受刑時，曾作詩贈徐幹：昭昧詹言卷二論劉楨曰：「時徐爲太子文學，故在西園，所云北寺，當是被刑輸作，北寺署吏時作，故有仰視白日等語。徐幹有詩答之：「與之別無幾，其愁如三春，雖路在咫尺，難涉如九關，陶陶朱夏別，草木昌且繁」，則受刑當在是年夏天。徐、劉之情，可謂彌篤。初學記卷十引文帝敍詩云：「爲太子時，北園及東閣講堂並賦詩，命王粲、劉楨、阮瑀、應瑒等同作。」則公讌詩、鬥鷄、射鳶詩及大暑賦等，皆於此時與諸公子遊酣所作，從明梅鼎祚古樂苑所言：「題云鬥鷄，楨與應瑒疑並陳思王同時作」可證。

建安十八年癸巳（西元二一三年）左右，轉爲平原侯庶子。

續百官志云：「列侯家臣置家丞及庶子各一人，主侍候理家事」，故爲平原侯庶子者，只能一人。魏志邢顒傳：「（顒）遂以爲平原侯家丞，顒防閑以禮，無所屈撓，由是不合，庶子劉楨諫植」，按植封爲平原侯在建安十六年，十九年徙封臨菑侯，則楨任爲平原侯庶子，當於刑竟復爲中郎將文學後不久。楨有瓜賦之作，其序曰：「在曹植坐，厨人進瓜，植命爲賦，促立成」，想瓜賦之作，卽在爲平原侯庶子時。摯虞文章流別論哀辭云：「建安中，文帝與臨菑侯各失稚子，命徐幹、劉楨等爲之哀辭。」植爲臨菑侯在建安十九年，則楨於十九年以後，仍爲植庶子也。流別論又云：「建安中，魏文帝從武帝出獵，賦，命陳琳、王粲、應瑒、劉楨並作。」劉楨作「大閱」，文學年表繫於此年。

建安二十二年丁酉（西元二一七年）劉楨卒。

曹丕與吳質書：「昔年疾疫，親故多罹其災，徐、陳、應、劉，一時俱逝。」則楨於建安二十二年，魏大疫時卒。以楨生年不詳，無法考知其壽數，然與徐幹之年相近則可知也。劉楨今存詩賦十五首，另隋唐志載有劉楨毛詩義問十卷，已佚。馬國翰從水經注、北堂書鈔、藝文類聚、初學記、太平御覽等類書中，輯得十二節有關訓釋名物者，合爲一卷，其訓釋名物與陸璣毛詩草木鳥獸虫魚疏相似，蓋當時儒者究心考據，猶不失漢人家法，今觀其說，多承鄭玄之學，且有以陰陽卦氣、月令、節氣以釋之者。隋志有魏太子文學劉楨集四卷、錄一卷。三國志言其著文賦等數十篇。嚴可均輯文十篇，馮惟納輯詩八篇。魏志周宣傳云：「後東平劉楨夢虵生四足，穴居門中，使宣占之，宣曰：此爲國夢，非君家之事也，當殺女子而作賊者，頃之，女賊鄭姜遂俱夷討，以虵女子之祥，足非虵之所宜，故也。」（又見白孔六帖）此方術詳夢之言，或楨晚年發生之事也。

第二節　劉楨之性格與政治立場

楨爲宗室後代，其祖劉梁以文學見貴，矜其門第，難怪楨之挺挺自持也。時曹操威燄蓋世，楨竟敢平視甄夫人；及減死輸作，使磨石，操至猶環坐正色、磨石不仰，此固「稟氣堅貞，受性自然」，實亦無視於操也！從其贈從弟詩之以松柏、鳳凰自比，則劉楨本具嬌然特立之個性，所謂「眞骨凌霜，高風跨俗」者，豈肯少屈於操哉？

且楨少即以才學知名，警悟辨捷，詞氣鋒烈，具錐角重附，自不甘久屈人下。所以當他「既覽古今事，頗識治亂情」（註一），乃思奮發，圖有大作爲，而對曹氏之僅待以文學侍從，終年陪他們喝酒弄清音，自有「辰事難諧」的感慨。而簿書之職，苦不堪言，其雜詩云：

職事相塡委，文墨紛消散，馳翰未暇食，日昃不知晏，沈迷簿領書，回回自昏亂，釋此出西城，登高且遊觀，方塘含白水，中有鳧與雁，安得肅肅羽，從爾浮波瀾。

文人性畏簿書，古今同病，「簿書之累，更甚戎焉」（註二），此嵇康與山巨源絕交書所云：「素不便書，而人間多事，堆案盈机……官事鞅掌，機務纏其心……」埋首案牘，將聰明才智，消耗於煩瑣不堪之公文書翰上，無益於進德修業，更無法發揮才幹，所以，他每感「顧理枉屈，紆繞不得申」，而有高蹈之思，此心迹可從其「遂志賦」得知：

嬰初服之蕪穢，託蓬廬以遊翔，豈放言而云爾，乃且夕之可忘。

他之時思「奮翅凌紫氛」「繽紛戾高冥」（註三），即由辰事難諧、功勳見挫所激成。

然而當他驚覺於「天地無期竟，民生甚局促，爲稱百年壽，誰能應此錄，低昂倏忽去，炯苦風中燭」（劉楨五言詩）時，他頓然興起，欲以「榮名」爲寶。他不追慕仙境，不騖於虛玄，更不墮於及時行樂的頹廢思想，相反的，他因頓悟人生之短促，而積極奮發，亟思乘時立業，爲達目的，不得不自彫飾

•對曹氏之庇養鴻恩，每頌念再三，並自比女蘿草之依附松枝，故歷來以劉楨、王粲較爲奔競。嚴羽滄浪詩話云：

> 劉公幹贈五官中郎將詩：「昔我從元后，整駕至南鄉，過彼豐沛都，與君共翱翔」，元后，蓋指曹操也。至南鄉，謂伐劉表之時，豐沛都，喩操譙郡也。王仲宣從軍詩云：「籌策運帷幄，一由我聖君」，聖君亦指曹操也。又曰：「竊慕負鼎翁，願厲朽鈍姿」，是欲效伊尹負鼎干湯以伐桀也。是時，漢帝尙存，而二子之言如此，一曰元后，一曰聖君，正與荀彧比曹操爲高、光同科。或以公幹平視美人爲不屈，是未爲知人之論，春秋誅心之法，二子其何逃？

此以「元后」、「豐沛」之語，殊傷詩教，當相戒者，而張溥爲之辨白云：「詩賦舖張，詞每過實，文人之言，豈必盡由中情」（註四）；葛立方韻語陽秋從劉楨贈從弟詩：「風聲一何盛，松枝一何勁，冰霜正慘悽，終歲常端正」、「豈不常勤苦，羞與黃雀群」等句，推楨之胸襟，實亦非趨勢逐利，不拘名節者。大底建安諸子中，唯公幹最爲諸王子所親愛，其因或以言辭巧慧美妙外，實亦卓犖見本色也。我們可從下面一段記載，知劉楨亦仁厚推誠之士。魏志邢顒傳：

> 是時太祖諸子高選官屬，（顒）爲平原侯植家丞，顒防閑以禮，無所屈撓，由是不合，庶子劉楨書諫植曰：家丞邢顒，北土之彥，少秉高節，玄靜淡泊，言少理多，眞雅士也，楨誠不足同貫斯人，並列左右，而楨禮遇殊特，顒反疏簡，私懼觀者將謂君侯習近不肖，禮賢不足，採庶子之春華，忘家丞之秋實，爲上招謗，其罪不小，以此反側。

一方面善盡人臣之言責，一方面充分顯現曠達尊賢之氣度，其遜讓實有勝於常人者。然而王昶戒子書云：

> 東平劉公幹，博學有高才，誠節有大意，然性行不均，少所拘忌，吾愛之重之，不願兒子慕之。

蓋其個性逸宕，非規矩繩墨所能檢束；且質直褊人，自易招忌也。

要之，劉楨刻刻冀望聖主之出現，唯有明主能薦拔他，使他施展長才，擇主而事，就如鳳凰擇木而棲一樣，曹丕愛賞他，他自然很希望曹丕是個明主，其贈五官中郎將詩：「勉哉修令德，北面自寵珍。」殷殷相勉，見於言表；「何時當來儀？將須聖明君」，倘逢明君，他實願效「朽鈍姿」。讀其「處世國文甫碑」文：「初海內之亂，不親膳羞，十有餘年，憂心泣血，不勝其哀，形銷氣竭」，公幹或與之同心，具不忘漢室，故爲文旌其德耶？那麽，其政治立場，不亦明乎？他希望當時英雄，能「結根於仁方」（遂志賦），行不擾人之政，其理想之政治是：

> 揚洪恩於無涯，聽頌聲之洋洋，四寓奠以無爲，玄道穆以普將，翼儁乂於上列，退仄陋於下場。

賢人在位，政治自然平治，天下自然太平，紛擾兵戎，乃得止息，公幹之苦心如此，其不在私己之利害上計較，充分顯現「甘心赴國憂」的精神，正是「骨勝」的最好說明。

第三節　劉楨詩之風格及其評價

劉楨之詩自魏文帝稱其「五言詩之善者，妙絕時人」以來，如鍾嶸詩品列劉楨詩爲上品，且評曰：

> 其源出於古詩，仗氣愛奇，動多振絕，眞骨凌霜，高風跨俗，但氣過其文，雕潤恨少，然自陳思已下，楨稱獨步。

歷來評家都予公幹詩以極高之評價，於七子中，實無出其右者。按詩品以古詩「意悲而遠，驚心動魄，可謂一字千金」，今言劉楨詩源出古詩，關鍵或即在眞勁振絕與古詩之悲遠卓絕之意趣相類似，故皎然詩式云：「劉楨辭氣，偏正得其中，不拘對屬，偶或有之，語與興驅，勢逐情起，不由作意，氣格自高，與十九首其流一也。」詩品又評左思云：

其源出於公幹，文典以怨，頗爲精切，得諷諭之致，雖野於陸機，而深於潘岳。

左思以豪邁之筆，渾厚之氣著名，沈德潛稱其「胸次高曠，筆力雄邁，陶冶漢魏，自製偉詞」，亦是以氣勝者，則左思之源出劉楨者，爲同爲任氣跨俗，筆力充沛也。廖蔚卿先生於「詩品析論」中云：「左思詠史詩，其內容取材多出經典，以古喻今，託怨悲之情，用事精切，得國風諷諭之致，但就語文飾美而言，則野於陸機，與劉楨之氣過其文，雕潤恨少相似。再則左思才高志逸有風力，與劉楨之偏於風力志氣亦相同。」證以藝苑卮言稱太沖「莽蒼，但太不雕琢」；詩源辨體論太沖「語多訐直」；劉熙載詩概稱「劉公幹、左太沖詩壯而不悲」，都可看出左思風格與劉楨的淵源，二者咸以高亢卓犖、風力遒勁爲標。故自古詩以下，劉楨一派之詩，純以風力高舉、直抒少切對爲特色焉。

後人之論公幹，皆稱其卓犖偏緊，發而爲文，遂多「言壯而情駭」；又因全仗清剛之氣，直接奔放，不用裝點比興，不事雕琢，反顯得骨氣倘逸，其筆力貫注處，一往清警，每多振絕之語。如「贈五官中郎將」之三：

秋日多悲懷，感慨以長歎。終夜不遑寐，叙意於濡翰。明燈曜閨中，清風淒已寒，白露塗前庭，應門重其關；四節相推斥，歲月忽欲殫，壯士遠出征，戎事將獨難，涕泣灑衣裳，能不懷所歡。

淒切中有倘致，即目即事，而合情合理，具自然之妙。他如公讌詩：

永日行遊戲，歡樂猶未央，遺思在玄夜，相與復翱翔。輦車飛素蓋，從者盈路旁。月出照園中，珍木鬱蒼蒼。清川過石渠，流波爲魚防。芙蓉散其華，菡萏溢金塘。靈鳥宿水裔，仁獸遊飛梁，華館寄流波，豁達來風涼。生平未始聞，歌之安能詳。投翰長歎息，綺麗不可忘。

此公讌雖有舖述繁華之言，却能擺落干諂奉迎之習氣，而特述景色及遊興，故王夫之云：「公讌諸詩，如無公幹，則當日群飲，酒肉氣深，文章韻短矣」（船山古詩評選），幾許文情，皆滙聚於其中，實堪吟咏焉。此外，如寫鬥鷄場面，雖曹植、應瑒同時有此作，然數楨最精絕：

丹鷄被華采，双距如鋒芒，願一揚炎威，會戰此中唐，利爪探玉除，瞋目含火光，長翹驚風起，勁翮正敷張，輕舉奮勾喙，電擊復還翔。

楨採陽韻，一上場卽寫鬥鷄之情狀，而雄鷄高吭激昂、鷹揚奮鬥之神氣，如在眼前，工緻精采，令人無下口處，如風掃電掣，收束亦快，氣勝之評，其來有自。較以應瑒鬥鷄詩：「戚戚懷不樂，無以釋勞勤，兄弟遊戲場，命駕迎衆賓，二部分曹伍，群鷄煥以陳，双距解長緤，飛踊超敵倫，介羽張金距，連戰何繽紛，從朝至日夕，勝負尙未分，專場驅衆敵，剛逸捷等群，四坐同休贊，賓主懷悅欣，博奕非不樂，此戲世所珍」，多出首尾，發引卽落下風矣。且採眞韻，聲紓以弱，已見平凡，雖遊戲文章，得句法不俚、神靈活現，亦有可取處。

至於雜詩「職事相塡委」寫厭倦於文翰職事，而深羨鳧雁之或泛波浮遊，或奮翼高擧也。夫一池白水，數隻鷗鷺，「會心之處，固不在遠，已令人褰裳從之矣。」何焯義門讀書記云：「羈鞅官人讀此詩，如六月北窗下涼風至也。」此詩殆直尋而得，毫無文飾，這種眞勁、清越之風力與懷抱，於諸子中實少有可比擬的。廖蔚卿先生云此詩從語言結構及意趣上言，是純爲個人意志抱負的直接表白，就語意造象之境界而言，是「振絕」之句；從詩情詩趣上言，是「跨俗」之高風，也就是所謂的「眞骨」（六朝文論），此言頗能切中意蘊。他如贈徐幹詩：「步出北寺門，遙望西苑園，細柳夾道生，方塘含清源」句，實妙造自然。要之，劉楨氣出天縱，不傍經史，雖如「翠峯揷空，高雲曳壁」（陳祚明采菽堂古詩選），然有時亦含顧盼之姿。其所下之字句，雖朴質沈頓，而感慨深至、淸綺緊健，實非懦愞瑣冗之比！公幹除以詩稱揚外，奏書「大明體勢之要」，書記亦「麗而規益」（文心書記篇），略名取實，則有美於詩者，曹丕不論，故世人多忽視之，惜哉！

第四節　劉楨詩與王粲詩之比較

劉熙載藝概云：「公幹氣勝，仲宣情勝，皆有陳思之一體，後世詩率不越此兩宗。」也就是說曹植之詩兼善，氣骨與情采具備，以「韻勝」者，而王粲與劉楨，或幹以風力，或標以辭采，各擅勝場，然皆「善有所章、理有所失」（人物志體別篇），就如當時論人，以聖人特鍾純美，兼周內外，爲人格之極至，其他偏至之材，以勝體爲美，必合之乃全。故詩品云曹植：

其骨氣奇高，詞采華茂，情兼雅怨，體被文質，粲溢今古，卓爾不群！嗟乎！陳思之于文章也，譬人倫之有周孔，鱗羽之有龍鳳，音樂之有琴笙，女工之有黼黻。

詩品言陳思爲建安之傑，公幹、仲宣爲輔。王、劉可謂諸子中詩名之最盛者，而二人乃代表兩種不同的典型。劉楨乃「氣過其文，雕潤恨少」；王粲則「文秀質羸，淸麗乏跌宕」；公幹聲詠常勁，仲宣詩韻常緩，而子建正得其中。故孔氏之門如用詩，則仲宣、公幹升堂，陳思乃得入室。胡應麟詩藪云：

魏氏而下，文逐運移，格以人變，若子桓、仲宣、士衡、安仁、景陽、靈運，以詞勝者也。公幹、太沖、越石、明遠，以氣勝者也，兼備二者，惟獨陳思。

又云：

陳王精金粹璧，無施不可……公幹才偏，氣過詞；仲宣才弱，肉勝骨。

典論稱「公幹有逸氣，但未遒耳」（此處遒當美、好解），蓋其氣褊，故詩緊而狹，文心體性篇稱其作品「言壯而情駭」；又因澄慮不足，故「壯而不密」、「壯而不悲」。劉熙載藝概云：

劉公幹、左太沖詩壯而不悲；王仲宣、潘安仁，悲而不壯。

「一峭一淳」（註五），一質一文，一剛一柔，形成顯明的對比。故鍾嶸評陸機云：「氣少於公幹、文劣於仲宣」，則顯然以劉、王爲尚氣、尚辭之代表。至於兩家優劣，則代有不同，江淹雜體詩序云：「公幹、仲宣之論，家有曲直。」或欣賞的角度有別（註六），故好尚異情也。自劉勰、鍾嶸以下，判然可較。劉勰文心雕龍才略篇云：

仲宣溢才，捷而能密，文多兼善，辭少瑕累，摘其詩賦，則七子之冠冕乎？

又明詩篇云：

兼善則子建、仲宣，偏美則太沖、公幹。

劉勰以王粲爲「七子之冠冕」，又稱其「兼善」，則隱然以王粲爲優也。至於鍾嶸詩品，雖將公幹、仲宣同列上品，却有高下之分。詩品上：

魏文學劉楨：其源出於古詩，仗氣愛奇，動多振絕，眞骨凌霜，高風跨俗……然自陳思以下，楨稱獨步。

詩品以楨詩獨步諸子，又以王粲詩「文秀質羸，在曹、劉間，別構一體」，很明顯的，鍾嶸是以劉楨爲上的，則二人之評價略異。自此以降，以王粲爲上者，則與曹植合稱「曹、王」；以劉楨爲上者，則與曹植合稱「曹、劉」，前者如：沈約宋書謝靈運傳稱：

子建、仲宣，以氣質爲體，並標能擅美，獨映當時。
方東樹昭昧詹言云：
建安七子，除陳思，其餘略同，而仲宣爲偉，局面濶大。
劉孝標廣絕交論云：
遒文麗藻，方駕曹、王。
而後者如元好問論詩絕句：
曹、劉坐笑虎生風，四海無人角兩雄。可惜并州劉越石，不教橫槊建安中。
遍照金剛文鏡秘府論：
漢、魏有曹植、劉楨，皆氣高出於天縱，不傍經史，卓然爲文。
蔡夢弼杜工部草堂詩話卷一名儒嘉話：
淮海秦少游進論曰：「曹植、劉公幹之詩，長於豪逸。」
胡應麟詩藪外篇云：
蘇李之才，不必過於曹、劉。
張戒歲寒堂詩話：
蘇李、曹劉、陶阮，本不期于詠物，而詠物之工，卓然天成，不可復及，其情眞、其味長，其氣勝，視三百篇幾于無愧。
是建安諸子，定覇曹、劉，「曹劉體」成了建安最具代表之一體，以其氣豪，最稱「建安風力」也。
公幹與仲宣詩，雖爲七子之翹楚，號稱「劉、王」，而揆之實情，劉楨實不如王粲，也許劉楨作品遺佚多（註七），所謂「遺篇舊制，十九不存，未可以掇拾殘文，定當日全集之優劣」（詩品），然仲宣兼善各體，而劉楨於五言而外，諸體略不復覩。又公幹氣緊，終缺淵雅，此陸時雍詩鏡總論所云：「劉楨稜層，挺挺自持，將以興人，則未也。」蓋直書胸臆，羌無故實，少給讀者從事思考的餘地，終非「詩賦欲麗」之本色。詩必有作意始貴，而劉楨「雕潤恨少」，是有不及者。至於王粲，以淵博之學養，豐富的感情，取則騷雅，特別著意於辭句之提鍊，故華藻爛然，且局面濶大，擅寫時代、社會，影響力自較深遠。而公幹「氣勝於才」，詩特蒼鬱，爲後來豪放質樸詩風之所宗，則不可忽略之。清王闓運湘綺樓論唐詩云：

陳子昂、張九齡，以公幹之體，自攄懷抱，李白所宗也。

公幹詩骨勁而氣猛，殆如鷹隼之翰飛戾天。文鏡秘府論以縱氣凌人爲宏壯之道，楨詩其庶幾乎！然其詩誠壯矣，而求精言妙解，則邈如也。

第五節　劉楨「文氣論」索微

劉楨卓犖褊人，爲文亦最有氣，故魏文稱其「有奇氣」，鍾嶸也說他「仗氣愛奇」，影響所及，其文學主張，亦頗兼氣。惜其理論，泰半亡佚，唯文心雕龍中偶有引用而保存一二。然大底劉勰對劉楨之文論，評價不高，如序志篇卽云公幹等未能振葉尋根，觀瀾索源。僅就其文氣說加以探討，文心風骨篇云：

公幹亦云：孔氏卓卓，信含異氣，筆墨之性，殆不可勝。

此亦重氣之旨也，又定勢篇云：

劉楨云：文之體指貴强，使其辭已盡而勢有餘，天下一人耳，不可得也。

劉勰評此說云：「文之任勢，勢有剛柔，不必壯言慷慨，乃稱勢也！」劉勰所謂勢，當爲體勢之勢，而非氣勢之勢。體勢大別有剛、柔，壯言慷慨固爲勢，輕靡柔婉亦爲勢，行文但任自然，則剛柔自有其勢，此勢卽體也，而體卽文章表現之形態，文心體性篇又云：「才有庸儁，氣有剛柔……是以賈生俊發，故文潔而體清；長卿傲誕，故理侈而辭溢；子雲沈寂，故志隱而味深；子政簡易，故趣昭而事博；孟堅雅懿，故裁密而思靡；平子淹通，故慮周而藻密；仲宣躁銳，故穎出而才果；公幹氣褊，故言壯而情駭；嗣宗俶儻，故響逸而調遠；叔夜儁俠，故興高而采烈；安仁輕敏，故鋒發而韻流；士衡矜重，故情繁而辭隱。」前言「勢力有剛柔」，此言「氣有剛柔」知人之體性有剛柔，及「情動言行，理發文現」，則有風趣之健緩或韻略之宏促等種種不同，然各具其美，其中並無優劣可言。廖蔚卿先生云：

由於作者的個性有剛柔强弱，才氣有庸儁清濁，志氣亦有庸儁朗昧之差別，所以作品卽因作者稟賦而形成各別的表現。而作品以想像、感情、思想及文字構成，所以作者之氣化入文章，則流露於內容與形式而成爲文氣。

此文氣卽體勢，爲作者自然體性的流露，呈現著多姿多彩。今劉楨以壯言慷慨乃稱爲勢，是所尙之氣，祇是剛氣，由此剛氣之充量發揮，則爲振絕跨俗之勢耳。因一味偉其風力，固必勢逐情起，語與興趨，而缺少希聲窈渺，洄洑逶迤之趣，此或文心稱劉楨「氣褊」、「言壯而情駭」（體性篇）之因。劉楨又以孔融之文卓特不可勝，以其「體氣高妙」、「氣骨蒼然」也，此亦就剛勢言，故陸厥云：「劉楨奏書，大明體勢之致」。今劉楨祇强調勁剛之氣，以勢壯爲美，忽略陰柔的一面，終有所失。同時據文心風骨篇云：

怊悵述情，必始夫風；沈吟鋪辭，莫先於骨，故辭之待骨，如體之樹骸；情之含風，猶形之包氣。結言端直，則文骨成焉；意氣駿爽，則文氣淸焉。

又曰：

風骨不飛，則振采失鮮，負聲無力。

風骨相待而成，是整個作品之活力現象，卽是文氣，而文氣由情志與辭采表現，缺一皆未能臻於善境，今劉楨但講氣勢之盛，所造成的結果是「雕潤恨少」，以此質直之文，將以與人則未也，因爲委曲之妙，每存乎刻意雕縟之辭藻中。

很明顯的，前面劉楨與劉勰之論的比較，皆就表現階段的「勢」言，至於劉楨之文氣與曹丕「文以氣爲主」的氣，其間區別就在曹丕所指爲先天之才氣及體氣，是猶蘊蓄未發的神秘階段，劉楨則强調那逐漸具體的表現階段，故劉楨之「氣」，其實是「勢」也。

結論

劉楨情高會采，頗具自得之美，其五言詩與古詩十九首同流，皆調高格正之作。後謝靈運與江淹的擬作詩中，都有摹擬劉楨的作品，且並見於文選，而二人對劉楨心迹的把握，則迥然不同，證以劉楨本人作品，則以謝靈運「唯羨肅肅羽，繽紛戾高冥」之句，較能體會劉楨追求自由的衷腸，蓋進退恆存掌握，擧手惟恐觸墮，乃羨魚鳥之悠遊也。要之，劉楨以奇偉之風格，取高於世，左思二陸之裁詩，頗含此風，是其遺風餘烈，尚有典型也！

【附　註】

註一：謝靈運擬鄴中集詩「劉楨」：「……旣覽古今事，頗識治亂情，歡友相解達，敷奏究平生，矧荷明哲顧，知深覺命輕。朝遊牛羊下，暮坐括揭鳴，終歲非一日，傳巵弄新聲，辰事旣難諧，歡願如今幷，唯羨肅肅翰，紛紛戾高冥」。

註二：施閏章「蠖齋詩話」。

註三：劉楨以浮波鳧鷁、奮飛鴻雁，象徵自由不受拘束的生活，而自己卽渴望如鳥之自在飛翔，無憂無慮也。

註四：張溥「漢魏六朝百三家集題辭」。

註五：胡應麟詩藪：「仲宣之淳，公幹之峭，似有可稱」。

註六：劉勰明詩篇云：「若夫四言正體，則雅潤爲本；五言流調，則淸麗居宗。」執此標準，故稱仲宣兼善；鍾嶸則以氣骨爲尚，故以古詩，劉楨爲獨步也。

註七：據北堂書鈔校嚴可均全後漢三國六朝文及丁福保全漢三國晉南北朝詩，則頗有佚句佚詩。如劉公幹又贈徐幹詩：「猥蒙惠咳唾，貺以雅頌聲，高義厲青雲，灼灼有表經」等。

總論

漢魏變革之時代，儘多新的事物，由於文學內容之更新，對文學之體裁、文學之語言，都有新的要求。同時新起的文人，對文學的價值都有新的體認，它不再繫乎教化，而爲希求無窮。沈剛伯先生於論文化蛻變一文中云：

（此時文士）揚棄了高文典策的作風，採用許多街談巷說，擊轅相杵的詞調，而創建新的文體，遂使析理之論精微而幾可通俗，序事之辭清潤而曲盡情理，言志比賦足以娛心而怡情，至於敎、令、牋、記之列；書、誓、符、檄之品；弔、祭、悲哀之作；答客、指事之制，各體互興，粲然大備，蓋無一不可以令人心遊、目想，移晷忘倦，他們這種逍遙百氏，鎔鑄俚詞的寫作，使中國文學開始成爲獨立之藝術，美的文學才脫離政治、歷史、哲學、宗敎而成爲獨立的藝術，不朽之盛事，也就在此時產生了眞正的文藝批評，文學批評遂成專門之學，文學技巧乃大爲進步。

旨哉斯言！將此時期之文學特色勾勒無遺。蓋由東京以降，士趨慕名之途，及乎末造，更因清議激揚，月旦標榜，在「以名爲治」之下，人人汲汲於身後名，於是或以卓言偉行，取高於世；或結比周之黨，互相褒歎，以就聲價。而人縱有德行政事之功烈，猶不敢自信其必傳，於是乃思立言垂後，此篇章紛紜之一端也；又漢季兵伐連連，以軍國之需，取士但考才能，不問德行，而材能難審，文采易彰，於是儁才聯鑣，競抒華藻，思藉文辭爲攀龍附鳳之資，此又是作者鼎沸之一端也。矧時人崇尚談辯，諸子之徒，皆辯論應機，詞氣鋒烈，莫有折者，其持論無膚理，指事無游詞，流風所播，遂及文苑，於是敍理成論，則師心獨見，鋒穎精密；落於筆札，則慷慨任氣，體勢恢張。於是由「騁辯」而「競作」，他們將個人內心情感、日常生活，大量表現於篇籍。而這種發抒一己情思之作品，實較易得到世人之共鳴，文學之獨立價值，至此完成，地位足堪與功業鼎峙。因文學地位之提高，帝王之垂情篇什，風尚所及，群起慕習，由於作者多，不易突出，故有一方面自標所擅，一方面更詆訶別人文章者，於是有關文章優劣的言談與議論紛紛出現，所謂「文成而法立」，評隲之風於焉興起。四庫全書總目詩文評序云：「建安、黃初，體裁漸備，故論文之說出焉，典論其首也。」以作品一多，性質分明，風格迥別，自有歸類、比較，文章之「宜雅」、「宜理」、「尚實」、「欲麗」之標準，也就確立了。故無諸子之專務著述，則文學評論無由產生。而文評操持於主盟當時文壇之曹氏父子之手，諸子為了博得「一言之褒」，以「聲重士林」，於是他們在創作之時，先自我嚴格要求，因為一文之發表，都充分呈現自己之才情，故無不殫精竭思以求精工，此「精工」或可解為合乎各種文體之最高標準。所以我們可以說文學批評之適時產生，講求文章之獨特體性與技巧，正使許多新成立之文體，不至流於粗疏、蕪蔓、全無法度，否則新的形式之出現，不但無以定型，更遑論開拓、發展！那麼，建安時代，能否產生如此多的有價值作品，實是一個問題。

大抵諸子非全以詩名，他們皆各闢蹊徑，有自己專擅之文體及獨具的風格，其成就也不一。就以詩來說，雖諸子皆有所作，卻有高下之分。如胡應麟詩藪外篇卷一云：

> 建安中，三、四、五、六、七言樂府，文、賦俱工者，獨陳思王耳。子桓具體而微，仲宣四言過五言，孔璋七言勝五言，應、劉、徐、阮五言之外，諸體略不復覩，材具高下瞭然。

又王世貞藝苑巵言云：

> 當時孔文舉為先達，其於文特高雄，德祖次之，孔璋書檄饒爽，元瑜次之，而詩皆不稱也。劉楨、

王粲，詩勝於文，兼至者獨臨淄耳。正平子建，直可稱建安才子，其次文擧，又其次爲公幹、仲宣。

勝負雖有定價，然諸子亦各有其限制，大底他們的作品都缺乏遼渺豐富的想像、波瀾壯濶的場面及激昂磅礴的氣魄，故難與歷代大詩人相頡頏。而在他們的作品中，吾人認爲最有價值的，應是反映時代，同情所有人類之疾苦，也就是從人道或愛國之立場出發，所寫成的憂時傷亂、針砭時失的篇章，而不論其或詩或論。蓋「文生於情，情生於哀樂，哀樂生於治亂，故君子感哀樂而爲文章，以知治亂之本」（柳冕與滑州盧大夫論文書），唯有此類作品，能做爲時代的見證，能眞正看出諸子的苦心與智慧。因爲，我們以意逆志，發現諸子値風雲之會，皆有「觸胸奮首，展其割裂之用」（吳質答魏太子牋）的壯懷，他們都曾想在政治上求出路，他們普遍的關心治道、時局，所以在其作品中，不難捕捉其政治理想、政治抱負，而這是常被忽略的。

由於此時期之士人，自覺意識特强，個人行爲力求超卓，文章亦思凸顯，從其作品，可以窺見其人格，循其人格，實可推出其心路歷程、政治立場，而這些也是推定那個時代之思潮、風尚的最好資料。錢穆先生云：「讀此一時代之文學，卽可窺測此一時代之人物，而讀此一時代之文學批評，亦可窺測此一時代之人物標準與人生理想。而所謂時代精神，亦可於此乎見」，故釐出諸子文學作品之通性，實有助於理解建安學術風氣，及此學風對後世所產生的影響，從而我們可以給予一平允的評價。是以本篇之作，由論人而論其文，終明其志，冀望對這個時代的學術思想有更一層之體會焉。

參考書目

後漢書集解　清王先謙

三國志集解　盧弼

晉書　唐房玄齡

前漢紀　漢荀悅

資治通鑑　宋司馬光

兩漢三國學案　清唐晏

日知錄　清顧炎武

英雄記鈔　漢王粲

風俗通義　漢應劭

漢晉學術編年　劉汝霖

中國文學年表　敖士英

昌言　漢仲長統

潛夫論　漢王符

中論　漢徐幹

人物志　魏劉邵

抱朴子　晉葛洪

顏氏家訓　北齊顏之推
世說新語　宋劉義慶
水經注　北魏酈道元
詩品注　陳延傑
詩品　唐司空圖
文心雕龍注　范文瀾
樂府古題要解　唐吳兢
詩式　唐釋皎然
滄浪詩話　宋嚴羽
談藝錄　明徐禎卿
藝苑巵言　明王世貞
詩藪　明胡應麟
古詩歸　明鍾惺譚元春
詩鏡總論　明陸時雍
采菽堂古詩選　清陳祚明
古詩賞析　清張玉穀
昭昧詹言　清方東樹
藝概　清劉熙載

船山古詩評選　清王夫之
六朝選詩定論　清吳淇
人間詞話　王國維
阮嗣宗詩箋　古直
謝康樂詩注　黃節
漢魏樂府風箋　黃節
漢魏六朝樂府文學史　蕭滌非
元曲選　明臧晉叔
昭明文選　梁蕭統
中古文學史論　王瑤
中古文學史　劉師培
現存元人雜劇本事考　羅錦堂
六朝文論　廖蔚卿
鄧林遊獵見聞　黎活仁
曹集詮評　清丁晏
羅馬長城　逯耀東
魏晉清談主題之研究　林麗貞
嵇康集校注　戴明揚

溫飛卿詩集　唐溫庭筠
玉台新詠　陳徐陵
太平御覽　宋李昉
太平廣記　宋李昉
藝文類聚　唐歐陽詢
樂府詩集　宋郭茂倩
建安七子集　明楊德周
全漢三國晉南北朝詩　丁福保
漢魏百三家集　明張溥
全上古三代秦漢三國六朝文　清嚴可均
漢魏叢書　明程榮本
論文化蛻變兼述我國歷史上的第一次文化大革新　沈剛伯
名敎危機與魏晉士風的轉變　余英時
東漢魏晉的淸流士大夫與儒學大族　劉顯叔
魏晉文學　錢穆
貴遊文學與六朝文體的演變　王夢鷗